Steffen Andreae
Reza Ghaboli-Rashti
Carola Köppel
Leandra Scholz

KI und betriebliche Regelungsvorschläge

aktiv im Betriebsrat

Steffen Andreae
Reza Ghaboli-Rashti
Carola Köppel
Leandra Scholz

KI und betriebliche Regelungsvorschläge

BUND
VERLAG

Bibliografische Information der Deutschen Nationalbibliothek
Die Deutsche Nationalbibliothek verzeichnet diese Publikation in der Deutschen Nationalbibliografie; detaillierte bibliografische Daten sind im Internet über *http://dnb.d-nb.de* abrufbar.

Umschlag: Bernd Adam, Weinheim
Satz: Dörlemann Satz, Lemförde
Druck: CPI books GmbH, Birkstr. 10, 25917 Leck

ISBN 978-3-7663-7580-3

kontakt@bund-verlag.de
www.bund-verlag.de

Inhaltsverzeichnis

Einführung

Immer wieder werden wir als Beratungsstelle für Technologiefolgen und Qualifizierung gefragt, ob wir zu diesem oder jenem Thema nicht eine schon fertige Betriebs- oder Dienstvereinbarung anbieten könnten. Das Internet ist voll von Vorschlägen, wie dies oder jenes zu regeln sei. Dabei ist zu bedenken, dass die meisten, wenn nicht alle Vereinbarungen, die veröffentlicht werden, Resultate einer Aushandlung sind, sie enthalten Kompromisse. Was nicht veröffentlicht wird, sind die Überlegungen und Textteile, mit welchen die beiden Betriebsparteien in die Verhandlungen gegangen sind.

Zudem lassen sich Vereinbarungen nicht ohne die konkrete betriebliche Situation, die hauseigene Kultur und die bestehenden weiteren Vereinbarungen wirksam verfassen. Wenn wir eine Interessenvertretung zu Systemen mit »Künstlicher Intelligenz« (KI) beraten, sichten wir nicht nur die Beschreibungen des konkreten Systems, sondern fragen nach bestehenden IT-Vereinbarungen, nach Regelungen zum Datenschutz und nach beidseitig akzeptierten Grundsätzen. Da diese Aspekte in den verschiedenen Betrieben unterschiedlich sind, sind es die darauf aufbauenden Vereinbarungen im Themenfeld »Künstliche Intelligenz« (KI-Vereinbarungen) auch.

Häufig werden Mustervereinbarungen veröffentlicht. Mit diesem Handlungsleitfaden gehen wir einen anderen Weg, weil dieses komplexe Themenfeld und alles, was damit verbunden ist, erhofft und befürchtet wird, meist neu und ohne Vorerfahrung in den Betrieben aufschlägt. Bei der Einführung neuer Technologien ist es bisweilen verständlich, wenn gesagt wird: »Da warten wir nochmal ein paar Jahre. Das dauert, bis uns das betrifft.« Doch die Einsatzmöglichkeiten für »Künstliche Intelligenz« entwickeln sich rasant.

Regulatorischen Bemühungen auf europäischer Ebene stehen milliardenschwere Investitionen der Entwicklerunternehmen gegenüber. Am Beispiel des AI Acts der EU zeigt sich, dass Gesetzgeber nur zeitversetzt reagieren können und dann auch von Lobbyarbeit beeinflusst werden. Um

die Einführung, Nutzung und Weiterentwicklung von KI voranzutreiben, investiert z. B. Microsoft viele Milliarden Euro in das Unternehmen OpenAI, das die KI mit ChatGPT für alle ausrollt (ohne Probebetrieb, ohne Vereinbarungen, ohne Beteiligung), und zugleich nochmal über 3 Mrd. Euro in den Standort Deutschland und weitere Milliarden in Europa.[1]
Die rasante Geschwindigkeit bei der Entwicklung der Nutzungsmöglichkeiten von KI führt zu der berechtigten Sorge, dass Betriebs-, Personalräte und Mitarbeitervertretungen (die wir im Folgenden als Interessenvertretungen bezeichnen) im betrieblichen Umfeld mit dem Vereinbaren von Regelungen nicht hinterherkommen.
Aber das sollte ja alles kein Problem darstellen, ist doch die Hinzuziehung von Sachverständigen beim Einsatz von KI nun sogar schon in § 80 Abs. 3 BetrVG als erforderlich geregelt. Doch das BetrVG klärt nicht alle Fragen. Nicht nur, dass der Begriff »Künstliche Intelligenz« überhaupt nicht klar definiert ist, stellt ein Problem dar. Es ist auch unklar, ob § 80 BetrVG sich nur dann heranziehen lässt, wenn mit der KI auch beschäftigtenbezogene Daten verarbeitet werden, oder ob dies ganz grundsätzlich der Fall ist. Oder sind es dann doch nur Informationsrechte, die übrig bleiben? Wenige erste Urteile zur Mitbestimmung beim Einsatz von KI-Systemen gibt es bereits, ausgemacht ist die Sache noch nicht.
Unabhängig davon, dass Interessenvertretung und Arbeitgeber weiterhin eine Vereinbarung in Bezug auf die Kosten und die jeweilige Person finden müssen, stellt sich für die Interessenvertretungen noch ein anderes Problem. Es ist nicht so leicht, Sachverständige zu finden.
Unsere dringende Empfehlung an die Interessenvertretungen, bei diesem Thema Beratungen in Anspruch zu nehmen, läuft dann ins Leere, wenn sich keine Berater*innen finden lassen. Doch der Arbeitgeber will lieber gestern als morgen die KI »in allen IT-Systemen« (Originalton eines Arbeitgebers) einführen.
Wir als BTQ beraten einerseits große Unternehmen mit großen Interessenvertretungen, die über viel Erfahrung und Verhandlungsgewicht verfügen. Aber wir beraten andererseits auch kleinere Gremien. Mit Not findet sich dort eine kleine Gruppe – oftmals ohne grundlegendes thematisches Verständnis – zu einem IT-Ausschuss zusammen. Diese verfangen sich schnell im KI-Dickicht und sehen manchmal kein Land.

---

1 *https://news.microsoft.com/de-de/fit-fuer-das-ki-zeitalter-microsoft-investiert-32-milliarden-euro-um-ki-infrastruktur-und-cloud-kapazitaeten-in-deutschland-mehr-als-zu-verdoppeln-sowie-fachkraefte-zu-qualifizieren/* (abgerufen am 26.9.2024).

Daher haben wir uns entschieden, einen Vorschlag mittels dieses Handlungsleitfadens auszumachen, der bei der Regelung der Einführung von KI hilfreiche Unterstützung bietet. Wir wissen, dass wir dadurch der Realität in den einzelnen Betrieben nicht in jedem Aspekt gerecht werden können.
Wir stehen am Anfang einer Entwicklung, die Interessenvertretungen noch viele Jahre lang intensiv beschäftigen wird. Ausgeurteilt ist bislang nur Weniges, die Gesetzeslage mag sich ändern und das seit Jahren angekündigte Beschäftigtendatenschutzgesetz – wenn es denn je kommt – wird auch Regelungen erzeugen, die für den Sachverhalt KI eine Rolle spielen.
Wir sind uns sicher, dass wir mit diesem Vorschlag Anregungen geben können, die es den Interessenvertretungen leichter machen, sich der Materie zu nähern und so ein bisschen besser gewappnet in die Gespräche mit den Arbeitgebern gehen zu können.
Wir behandeln im Folgenden nicht die Einführung eines konkreten, einzelnen IT-Systems mit KI-Komponenten. Wir schlagen den Interessenvertretungen eine Rahmenvereinbarung vor, welche systemunabhängig den Umgang mit KI-Elementen regelt und Verfahren und Vorgehen bei der Einführung eines konkreten KI-Systems verbindlich festlegt.
Ergänzt werden die Regelungstexte durch Infokästen. Mit dieser Kommentierung versuchen wir deutlich zu machen, was uns zu unseren Regelungsvorschlägen veranlasst hat und an welchen Stellen unser Entwurf einzelfallbezogen angepasst werden muss.
Schließlich haben wir Vorschläge für konkrete Anlagen ausgearbeitet, die ebenfalls mit ausführlichen Begleittexten versehen sind. Teile dieser Anlagen werden in einzelnen Unternehmen bereits erfolgreich erprobt, so etwa der Steckbrief in Anlage 5 und die Übersicht über die verarbeiteten Beschäftigtendaten in Anlage 6.
Es stellt gewiss einen Idealfall dar, aber das gibt es auch: Dass der Arbeitgeber zeitlich deutlich vor der Entscheidung für eine KI-Anwendung auf die Interessenvertretung zugeht. Unabhängig davon existiert das Problem der schleichenden Einführung, die manchmal erwünscht und manchmal ungewollt ist. Die KI taucht u. a. als Zubrot schon bestehender Systeme mit dem nächsten Update durch den Hersteller auf.
KI kann eine ganze Reihe von negativen Auswirkungen auf Arbeitsprozesse haben. Sie kann Unsicherheiten auslösen, das Gefühl der Überwachung verstärken und die eigene Arbeit droht durch sie, entwertet zu werden. Es besteht die Gefahr, dass Entscheidungswege durch KI nicht mehr nachvollzogen werden können und zum Teil in Blackboxes ausgelagert werden. KI kann komplex sein und (von ihrer Struktur und inneren

Vorgehensweise her) auch intransparent funktionieren. KI kann Arbeitsplätze ersetzen und verändern und sie sortiert den Wert der eigenen Tätigkeit von Beschäftigten neu ein.
Zugleich kann KI auch Arbeitsprozesse erleichtern. Positive Effekte, welche sich auf die Beschäftigten auswirken, sind vorhanden. Sollte also der Weg hin zur KI – wie häufig propagiert – in der Tat unausweichlich sein, ist der nächste Schritt, eine starke Mitbestimmung durchzusetzen. Vor diesem Hintergrund unterbreiten wir folgenden Vorschlag für eine Vereinbarung, die im Text als Betriebsvereinbarung bezeichnet wird.

Die Autorinnen und Autoren der BTQ Kassel
Mai 2025

Präambel

Gerade weil noch nicht alles klar ist, weil sich der KI-Einsatz erst entfalten muss (und wird) und weil eine Betriebsvereinbarung zum Thema KI im Jahr 2024 den Regelungsbedarf erst erahnen lässt, scheint uns die Präambel wichtig zu sein. Sie macht die Grundprinzipien und Ziele der Vereinbarung deutlich, klärt die Motivation und den Geist und die Kultur, die hinter den getroffenen Regelungen liegen. Im Falle einer rechtlichen Auseinandersetzung wird in der Regel mehr Gewicht auf die spezifischen Bestimmungen der Vereinbarung gelegt als auf den Inhalt der Präambel. Dennoch stellt sie – auch für die eine Betriebsvereinbarung lesenden Beschäftigten – den Kontext dar, beschreibt die konkrete Spezifik, klärt über Grundprinzipien auf und bietet so eine Leitlinie für die Interpretation.
In der Präambel verweisen wir in der Regel auf im Zusammenhang stehende Vereinbarungen. Dies könnten z. B. eine Rahmenvereinbarung zum Datenschutz, verabschiedete Ethik-Richtlinien oder eine Vereinbarung zur Einführung von IT-Systemen sein. Sollte es keine Vereinbarung zum Thema Datenschutz geben, so sind in einer Vereinbarung zur KI (wie in anderen Vereinbarungen auch) die Betroffenenrechte zu klären, die sich aus der DSGVO ergeben. Beispielhaft sind hier die Berichtigungs- und die Löschrechte zu nennen. Für beide Rechte müssen organisatorische und technische Verfahren konzipiert und etabliert werden. Der Verantwortliche muss auch benennen können, wie er ggf. falsche personenbezogene Daten, die vom KI-System verarbeitet werden, berichtigen kann. Sollte eine solche Korrektur von Daten z. B. durch ein nachträgliches Training nicht beseitigt werden können, erfüllt das KI-System nicht die Anforderungen, die die DSGVO erfordert.

1. Der Einsatz neuer Technologien hat sowohl dem Unternehmen als auch den Beschäftigten einen wahrnehmbaren Nutzen zu bringen. Durch den Einsatz moderner Systeme werden Produktivität, Effizienz und damit auch die Wettbewerbsfähigkeit des Unternehmens gestärkt. Gleichzeitig wird die Arbeit der Beschäftigten unterstützt, wobei ihre Arbeitsqualität und Arbeitszufriedenheit erhöht und gesi-

chert werden. Die Persönlichkeitsrechte der Beschäftigten sind beim Einsatz der Systeme zu wahren. Dies trägt zusätzlich zur Steigerung der Attraktivität *[des Unternehmens]* für die Beschäftigten bei.

2. Die Einführung von Systemen mit Künstlicher Intelligenz (siehe hierzu Anlage 2) besitzt das Potenzial, Arbeit, Arbeitsplätze und Arbeitsbedingungen erheblich zu verändern. Diese Vereinbarung setzt einen Rahmen, in dem die Systeme mit KI zwischen den Parteien verhandelt werden. Es werden verbindliche Verfahren für die Einführung und den Einsatz und die verantwortliche Gestaltung der Systeme geregelt.
3. Obwohl KI das Potenzial besitzt, Arbeitskräfte zu ersetzen, sind sich alle Beteiligten einig, dass die Kooperation zwischen Mensch und Maschine die Basis für Produktivitätszuwächse und Entwicklungsmöglichkeiten *[des Unternehmens]* ist. Ein Wettbewerb zwischen Mensch und Maschine ist auszuschließen und muss verhindert werden. Die körperliche und geistige Unversehrtheit des Menschen, seine persönliche und kulturelle Identität und die Erfüllung seiner Grundbedürfnisse sind stets zu achten, zu fördern und zu schützen.
4. *[Falls RBV-IT und/oder RBV-Datenschutz vorhanden sind:]* Diese Rahmenvereinbarung KI setzt auf den geltenden Rahmenvereinbarungen zu IT und Datenschutz auf, die Regelungen jener Rahmenvereinbarungen bleiben unverändert bestehen.
5. Als generelles Ziel halten die Betriebsparteien fest, das Wissen und die Reflexionsfähigkeit über KI bei den Beschäftigten zu steigern und die prinzipielle Gestaltbarkeit von KI zu vermitteln.
6. Die geltenden Rechte der Beschäftigten laut BetrVG und DSGVO gelten vollumfänglich auch für den Einsatz von KI-Systemen.
7. Vor diesem Hintergrund schließen die Parteien *[Nennung]* die folgende *[befristete]* Rahmenbetriebsvereinbarung »Künstliche Intelligenz« (RBV KI) ab.

Um der besonderen Dynamik bei der aktuellen Entwicklung im Bereich der Künstlichen Intelligenz Rechnung zu tragen, wird die Rahmenvereinbarung zunächst für zwei Jahre befristet abgeschlossen.

§ 1 Gegenstand/Geltungsbereich

Was ist denn nun KI? Hat sich in Ihrem Unternehmen schon eine Definition durchgesetzt? Meinen alle Beteiligten das Gleiche, wenn von KI gesprochen wird? Um dem Umstand gerecht zu werden, haben wir in der BV selbst die Begrifflichkeit »Künstliche Intelligenz« verwendet und zugleich schlagen wir in der Anlage 2 eine Definition vor. So können Sie die Definition ggf. anpassen oder nachschärfen, ohne die Betriebsvereinbarung selbst ändern zu müssen.

1. Diese Betriebsvereinbarung (RBV KI) regelt den Rahmen für die Planung, Einführung, den Einsatz, die Verwendung und Veränderung von Systemen mit Künstlicher Intelligenz (KI) sowie für bestehende IT-Systeme, die mit KI-Elementen erweitert werden. Sie gilt auch für die Entwicklung und Verwendung einer KI, die über mehrere IT-Systeme hinweg arbeitet. Sowohl neue Systeme wie auch bestehende, die erweitert werden, werden im Folgenden als »KI-System« bezeichnet.
2. Die RBV KI regelt ebenfalls die Vorgehensweise im Planungs- und Einführungsprozess zwischen den Parteien, mit dem Ziel, die Beteiligung der Interessenvertretung vor der Einführung und im Zuge dieser Prozesse sicherzustellen.
3. Die Planung und Einführung neuer KI-Systeme erfolgen gem. dem in § 2 festgelegten Verfahren.
4. Für KI-Systeme, die bereits eingeführt sind, wird *[auf Antrag der Interessenvertretung]* die Anwendung der RBV KI – insbesondere der in § 3 formulierten verbindlichen Grundsätze und Leitplanken – unverzüglich nachgeholt. Eine abschließende Liste aller KI-Systeme, die vor Abschluss dieser RBV KI genutzt werden, findet sich in Anlage 7.

Diesbezüglich hören wir immer wieder von der Arbeitgeberseite, dass eine solche Liste nicht erstellt werden kann. Dass das etwas mühsam sein kann, ist unbenommen. Aber wichtig zu wissen ist, dass der Arbeitgeber über ein Verzeichnis der Verarbeitungstätigkeiten verfügen muss, sonst begeht er einen bußgeldbewährten Verstoß gegen die DSGVO. Eine Ausnahmeregelung ist in Art. 30 Abs. 5 aufgeführt, aber diese greift selten und ist den Arbeit-

gebern als »Schlupfloch« auch nicht anzuraten. Das Verzeichnis muss der Arbeitgeber der Interessenvertretung nicht aushändigen, aber wie begründet er es eigentlich, wenn er es nicht vorlegen möchte? Nachfragen schadet nicht.

5. Diese Vereinbarung stellt einen Rahmen dar für KI-Systeme im Sinne der Nr. 1. Jedes einzelne KI-System erfordert die Zustimmung der Interessenvertretung und muss auf Verlangen einer der beiden Betriebsparteien in einer Betriebsvereinbarung geregelt werden.
6. Die RBV KI gilt für *[das Unternehmen / alle Gesellschaften des Unternehmens / des Konzerns ...]*. Der Arbeitgeber stellt sicher, dass auch bei der Beauftragung Dritter diese Vereinbarung uneingeschränkt Anwendung findet.
7. Beschäftigte im Sinne dieser Vereinbarung sind die in § 26 Abs. 8 BDSG Erwähnten.

§ 2 Verfahren

1. Das Verfahren umfasst Planung, Einsatz, Verwendung und Veränderung von KI-Systemen sowie die Umsetzung mitbestimmungsrechtlicher Beteiligungsverfahren. Für diesen Prozess wird ein einheitliches Verfahren vereinbart (Anlage 1).
2. Das Verfahren beinhaltet auch die Einordnung eines Systems als KI-System anhand einer einheitlichen schriftlichen Beschreibung und eines Steckbriefs (siehe Anlage 5).
3. Bestandteil des Verfahrens sind eine risikoorientierte Kategorisierung des KI-Systems und eine von den Kategorien abhängige weitere Vorgehensweise gemäß § 4.
4. Sollte eine der beiden Betriebsparteien zur Ansicht kommen, dass sich die risikoorientierte Kategorisierung eines einzelnen KI-Systems oder eines KI-System-Verbundes geändert hat, kann sie verlangen, dass das Verfahren erneut durchlaufen werden muss.

§ 3 Grundsätze/Leitplanken

Die ethischen Grundsätze/Leitplanken, die bei der Ausgestaltung, Einführung und Anwendung von KI-Systemen einzuhalten sind, ergeben sich aus Anlage 3.

§ 4 Einstufung in Kategorien und Handlungsfolgen

KI-System ist nicht gleich KI-System. Anhand der Anlage 4 ist es möglich (nach Abstimmungen der Vorgehensweise und Bewertung der einzelnen Kriterien), ein KI-System zu klassifizieren.

1. Es findet mittels der Anlage 4 eine Einstufung statt.
2. Sollte im KI-Rat (siehe § 5) keine einvernehmliche Einteilung der Kritikalität vorgenommen werden können, gilt ein KI-System als kritisch.
3. Aufgrund der vorgenommenen Einteilung sind die in Anlage 1 aufgeführten Maßnahmen umzusetzen.

§ 5 KI-Rat

Ein KI-System einzuführen, ist ein gemeinsamer Prozess. Die Einschätzung, in welche Risikokategorie ein System fällt, muss gemeinsam getroffen werden. Welche Verhaltens- und Leistungskontrolle, wenn sie generell möglich ist, ist erlaubt und welche nicht? Einige Sachverhalte muss der Arbeitgeber selbst klären, aber auch hier braucht es den kritischen Blick der Interessenvertretung. Dieser Austausch findet in unterschiedlichen Formaten statt. Dass eine große Interessenvertretung hier andere personelle Möglichkeiten hat als z. B. ein Dreiergremium, ist offensichtlich. Das Austauschformat mit Arbeitgeber und Interessenvertretung nennen wir KI-Rat. Ob es sich um einen separaten Arbeitskreis handelt oder das gesamte Gremium oder den z. B. schon existenten IT-Ausschuss, ob der KI-Rat also eingerichtet werden muss (wie es im folgenden ersten Satz heißt) oder ob er schon vorhanden ist, weil das gesamte Gremium damit gemeint ist, das ist vor Ort zu regeln. (Im Folgenden ist es so formuliert, als gäbe es – analog z. B. zu einem IT-Ausschuss – eine separate Arbeitsgruppe.)

1. In dem Verfahren gem. § 2 wird ein gemeinsamer KI-Rat eingerichtet. Der KI-Rat
   a) dient als wichtige Plattform für den betrieblichen Dialog zwischen *[dem Unternehmen]* und der Interessenvertretung, um sicherzustellen, dass KI-Systeme im Einklang mit den Bedürfnissen und Anliegen der Beschäftigten eingesetzt werden,
   b) entwickelt und überprüft Maßstäbe zur Beurteilung der Kritikalität eines KI-Systems,
   c) unterstützt die Betriebsparteien bei der Einordnung eines KI-Systems in Bezug auf die Kritikalität,
   d) klärt alle mitbestimmungspflichtigen Sachverhalte,
   e) stellt sicher, dass die Implementierung von KI im Unternehmen transparent, fair und zum Vorteil der Beschäftigten erfolgt,
   f) bestimmt, auf welche Art und Weise die Beschäftigten vor Einführung eines KI-Systems über die Auswirkungen informiert werden,

g) klärt den Schulungsbedarf unter Beachtung des § 12 dieser RBV,
h) ist eingebunden in die Strategie des Unternehmens in Bezug auf den Einsatz von KI und sichert ab, dass die strategische Ausrichtung sowie die relevanten Konzepte und Begrifflichkeiten den Beschäftigten transparent dargelegt und erklärt werden,
i) ist eine Maßnahme zur Risikominimierung, indem er die Einhaltung *[im Unternehmen]* aufgestellter Prinzipien prüft und die KI-betroffenen Arbeitsprozesse und Ergebnisse regelmäßig überwacht,
j) unterstützt die Beteiligten bei Implementierung und Überwachung von KI-Systemen.

2. Ziel des Rates ist es auch, das Erfahrungswissen mit dem softwaretechnisch abgebildeten Fachwissen auf gleiche Augenhöhe zu bringen.
3. Jede Betriebspartei kann bis zu *[x]* Personen in den KI-Rat entsenden, nicht mehr als die andere Betriebspartei, jedoch mindestens *[x]* Personen. Sachverständige und rechtliche Berater*innen sind mitzuzählen.
4. Der KI-Rat trifft sich regelmäßig, mindestens quartalsweise. Außerplanmäßige Sitzungen werden zeitnah durch den Arbeitgeber einberufen, wenn eine der Betriebsparteien dies wünscht.
5. Alle Unterlagen und Dokumente, die im Zusammenhang mit den Sitzungen und Aktivitäten des KI-Rates erstellt oder diesem vorgelegt werden, werden aufbewahrt und in einer den Betriebsparteien zugänglichen Dokumentenablage abgelegt.

§ 6 Rechte der Beschäftigten

1. Die in Anlage 3 genannten ethischen Grundsätze sind, sofern sie die Beschäftigten tangieren, anzuwenden und den Beschäftigten bekannt zu machen.
2. Personenbezogene Daten der Beschäftigten werden im Sinne des Art. 5 Abs. 1 DSGVO auch von KI-Systemen in einer für die betroffene Person nachvollziehbaren Weise verarbeitet. So kann der in der DSGVO verankerten Transparenzpflicht insbesondere in Hinsicht auf den Prozess der Verarbeitung, die involvierte Logik und das Zustandekommen von Entscheidungen angemessen Rechnung getragen werden.
3. KI-Systeme dürfen nur dann personenbezogene Beschäftigtendaten verarbeiten, wenn dies in einer Betriebsvereinbarung zum jeweiligen KI-System oder in einem von der Interessenvertretung zugestimmten Steckbrief geregelt ist.
4. Die Unterzeichnenden kommen darin überein, dass die laufende Weiterentwicklung von KI-Systemen nach einer Evaluation im gesamten Lebenszyklus verlangt, die nur durch Mitwirkung der Beschäftigten sinnhaft und zielführend ist. Art, Umfang und Häufigkeit dieser Mitwirkung und der Evaluationen selbst werden mit der Interessenvertretung im Zuge der Einführung eines konkreten KI-Systems vereinbart.
5. Der Einsatz von KI-Systemen ist so zu kennzeichnen, dass die Beschäftigten vor der Nutzung immer wissen, wenn ein KI-System mit ihnen interagiert. Die Information hat rechtzeitig und verständlich zu erfolgen. Art, Umfang und Inhalt der Information sind mit der Interessenvertretung einvernehmlich abzustimmen.
6. Entscheidungen, Anweisungen, Beurteilungen, die gänzlich oder zum Teil durch KI-Systeme beeinflusst oder erzeugt sind und auf den Beschäftigten wirken, müssen als solche gekennzeichnet werden.

7. Wenn sich die Beschäftigten anders als von einem KI-System empfohlen entscheiden, darf ihnen kein Nachteil entstehen, auch wenn deren Entscheidung irrtümlich erfolgt.
8. Verantwortlichkeiten und Haftung sind festzulegen. Sie dürfen nicht auf die Technik übertragen werden. Durch den Einsatz eines KI-Systems kann die Haftung nicht auf die Beschäftigten übertragen werden. Die Beschäftigten dürfen sich irren und Fehlentscheidungen treffen.
9. Es wird gewährleistet, dass KI-Systeme keine Anwendung in Personaldaten-, Personalinformations- und Beurteilungssystemen finden.
10. Die Verwendung eines KI-Systems darf nicht dazu führen, dass eine beschäftigte Person einer ausschließlich auf einer automatisierten Verarbeitung beruhenden Entscheidung unterworfen wird, die ihr gegenüber rechtliche Wirkung entfaltet.
11. Im Rahmen einer betriebsüblichen Bekanntmachung werden alle Beschäftigten schriftlich über den Inhalt dieser Betriebsvereinbarung informiert. Das Gleiche gilt für neu eingestellte Beschäftigte.

§ 7 Verhaltens- und Leistungskontrolle/Datenschutz/ Persönlichkeitsschutz

1. Die Nutzung eines KI-Systems für Zwecke der Beobachtung, der Beurteilung, der Messung, des Vergleichs oder einer anderen Art der Kontrolle des Verhaltens oder der Leistung von einzelnen Beschäftigten ist untersagt. Eine solche Nutzung ist nur zulässig, wenn dies durch eine Betriebsvereinbarung geregelt ist und diese sich an die Regelungen der vorliegenden RBV KI hält.
2. Dies gilt auch, wenn die Verhaltens- und Leistungskontrolle Nebeneffekt einer programmgemäßen Zweckbestimmung ist.

*Wann ist die Verhaltenskontrolle Nebeneffekt einer programmgemäßen Zweckbestimmung? Diese Formulierung ist nicht KI-spezifisch und wir haben sie auch schon in IT-Rahmenvereinbarungen verwendet. Sie trifft z. B. dann zu, wenn die Beschäftigten zugleich als Kund*innen auftreten, wie das beispielsweise bei Banken oder Versicherungen der Fall ist. Diese analysieren z. B. in Bewertungsportalen auch das Verhalten der Kund*innen. Hier liegen dem Arbeitgeber Informationen vor, die Informationen, die sich direkt aus dem Beschäftigtenverhältnis ergeben, übersteigen. Es dient dem Schutz der Beschäftigten, diese Daten gesondert zu erwähnen und ihre Nutzung auszuschließen. Dieses Nutzungsverbot ergibt sich auch aus der DSGVO selbst, aber eine Erwähnung erscheint uns dennoch sinnvoll.*

3. Arbeitsrechtliche Maßnahmen, die auf Erkenntnissen des Systemeinsatzes beruhen, die unter Verstoß gegen diese Betriebsvereinbarung gewonnen wurden, sind unzulässig. Diese gewonnenen Erkenntnisse unterliegen einem Sachvortrags- und Beweisverwertungsverbot. Alle personellen Maßnahmen des Arbeitgebers zum Nachteil einer beschäftigten Person wie z. B. Abmahnungen oder Kündigungen, die direkt oder indirekt auf Informationen oder Daten beruhen, die unter Verstoß gegen diese Betriebsvereinbarung gewonnen wurden oder dem Arbeitgeber zur Kenntnis gelangt sind, sind von vornherein unwirksam.
4. Erkenntnisse gelten auch dann als unter Verstoß gegen diese Betriebsvereinbarung gewonnen, wenn diese Erkenntnisse zwar aufgrund ei-

ner rechtmäßigen Nutzung des Systems gewonnen wurden, dies aber nicht zweckgerichtet, sondern zufällig geschah (sog. Zufallsfund).

5. Ein KI-System darf nicht zur Profilbildung oder für Rankings genutzt werden.
6. Wenn ein KI-System als Hilfsmittel für das Lernen eingesetzt wird, ist es weder gestattet, Daten und Informationen zur Erstellung von Benutzerprofilen zu verwenden, noch ist es gestattet, diese außerhalb des Lernkontexts zu verarbeiten. Zudem ist es nicht gestattet, das KI-System mit »skillbasierten Workforce-Management-Systemen« oder ähnlichen Systemen zu verknüpfen. Darunter werden Systeme verstanden, die zur Planung und Verwaltung von Arbeitskräften basierend auf ihren Fähigkeiten, Qualifikationen und Verfügbarkeiten genutzt werden.

§ 8 Schnittstellen

1. Die Schnittstellen eines KI-Systems, über die Daten von anderen Systemen bezogen oder an andere Systeme übergeben werden, müssen unter Nennung der darüber geleiteten personenbezogenen oder personenbeziehbaren Daten vor erstmaliger Verwendung und bei jeder Ausweitung im KI-Rat vorgestellt werden und erfordern die Mitbestimmung der Interessenvertretung bei Änderungen.
2. Sie sind in einer Anlage zu einer Betriebsvereinbarung aufzunehmen.
3. Diese Regelung gilt sowohl für Schnittstellen zu Systemen im Unternehmen als auch zu externen Systemen, wie z. B. Social-Media-Tools.

§ 9 Rechte der Interessenvertretung

1. Die Interessenvertretung ist bei der Planung, Einführung, Verwendung und Veränderung von KI-Systemen stets rechtzeitig zu beteiligen. Das in Anlage 1 beschriebene Verfahren ist stets einzuhalten.
2. Die Interessenvertretung hat ein Informationsrecht in Bezug auf Planung, Einführung, Änderung und Nutzung aller KI-Systeme, um alle Punkte der vorliegenden Vereinbarung überprüfen zu können.
3. Die Interessenvertretung kann im Zusammenhang mit Planung, Einführung, Verwendung und Veränderung von KI-Systemen eine:n externe:n Sachverständige:n nach § 80 Abs. 3 BetrVG ohne vorherige Einigung mit dem Arbeitgeber hinzuziehen.
4. Die Interessenvertretung ist nach § 80 Abs. 1 Nr. 1 BetrVG berechtigt, die Einhaltung dieser Betriebsvereinbarung anlassbezogen und anlassunabhängig zu überprüfen. Diese Überprüfung kann direkt am System erfolgen. Alle Beschäftigten, die mit dem zu überprüfenden KI-System arbeiten, sind gegenüber der Interessenvertretung im Rahmen des BetrVG sowie ihrer Aufgaben auskunftsberechtigt und der Interessenvertretung gegenüber auch zur Auskunft verpflichtet. Diese Auskunft darf für sie zu keiner Benachteiligung führen.
5. Zur Unterstützung dieser Kontrollrechte erhält die Interessenvertretung umgehend uneingeschränkte Einsicht in alle von ihr ein bestimmtes KI-System betreffenden gewünschten Informationen und Unterlagen. Bei Bedarf wird ihr ein:e sachkundige:r Beschäftigte:r aus der Fachabteilung zur Seite gestellt, um die Prüfung direkt am System zu ermöglichen.
6. Die Kontrollrechte der Interessenvertretung dürfen nicht dadurch beeinträchtigt werden, dass ein KI-System ganz oder teilweise im Auftrag des/der Verantwortlichen von einem Auftragsverarbeiter betrieben wird. Diese Rechte werden bei der Gestaltung der Verträge mit dem Auftragsverarbeiter berücksichtigt. Auf Verlangen erhält die Interessenvertretung Einsicht in die entsprechenden Vertragsbestimmungen.

7. Die Interessenvertretung kann sich jederzeit bei dem oder der Datenschutzbeauftragten über die Einhaltung dieser Betriebsvereinbarung informieren. Zudem erhält sie unaufgefordert und zeitgleich mit dem Arbeitgeber alle Berichte, die der oder die Datenschutzbeauftragte dem Arbeitgeber vorlegt und die im Zusammenhang mit KI-Systemen stehen.

§ 10 Qualifizierung und Weiterbildung

Die hier notierten Punkte zu Qualifizierung und Weiterbildung finden sich möglicherweise in schon existenten Vereinbarungen zur Bildung der Beschäftigten. Ausgehend von unserer Beratungserfahrung müssen wir jedoch feststellen, dass insbesondere in kleineren Unternehmen keine übergreifenden Regelungen hierzu existieren und daher das sich aus § 98 BetrVG ergebene Mitbestimmungsrecht in Belangen der betrieblichen Berufsbildung nicht konkretisiert ist. Daher haben wir hier ein Kapitel eingefügt, das sich zwar konkret auf KI-Systeme bezieht, aber auch Auswirkungen auf andere Bildungsangebote haben kann.
Wir gehen davon aus, dass in naher Zukunft alle Beschäftigten mehr oder weniger von KI-Systemen betroffen sein werden. Daher gehen wir von einem umfassenden Schulungsbedarf aus, der allen Beschäftigten zugänglich ist. Laut BetrVG reicht es aus, diejenigen zu informieren, die von einem KI-System betroffen sind. Hier empfehlen wir, dafür zu streiten, diesen Kreis sehr weit zu fassen. Ein fundiertes Wissen über die Gefahren und Möglichkeiten von KI-Systemen wird langfristig dazu führen, dass es eine größere Akzeptanz von Systemen gibt, die transparent gestaltet sind.

1. Bestehende Bildungsbedürfnisse und -bedarfe werden regelmäßig in einem zweijährigen Turnus und zusätzlich vor Einführung neuer KI-Systeme erhoben. Im KI-Rat werden ausgehend von der Erhebung geeignete Schulungsmaßnahmen, Zeitpunkte und Schulungsumfang (Bildungsplanung) vereinbart.
2. Die Bildungsplanung beinhaltet auch die Einführung und Anwendung von KI-Systemen, daraus resultierende Änderungen der Arbeitsplätze, des Arbeitsablaufs oder der Arbeitsumgebung.
3. Die Interessenvertretung kann dem Arbeitgeber Vorschläge zur Sicherung und Förderung der Beschäftigten und zu Qualifizierungsmaßnahmen sowie zum Bildungsbedarf machen. Die Vorschläge finden Eingang in die Beratungen zur Bildungsplanung.
4. Alle Beschäftigten werden in Seminaren grundlegend über die Funktionsweise von KI und die möglichen Auswirkungen informiert.

Dazu gehören vor allem das Mensch-KI-Verhältnis, die beabsichtigten und unbeabsichtigten Effekte auf die Arbeitsplätze sowie Stärken/Potenziale und Defizite/Grenzen der Technik.

5. Insbesondere sollen durch die Bildungsplanung auch die Gruppen erreicht werden, die selten an Weiterbildung teilnehmen (können), wie Teilzeitbeschäftigte, befristet Beschäftigte und die Beschäftigten der unteren Gehaltsgruppen.
6. Die Belange von Älteren, Teilzeitbeschäftigten und Beschäftigten mit Familienverantwortung in der Pflege oder bei der Kindererziehung werden in der Bildungsplanung durch geeignete Lern- und Lehrformate und Bildungszeiten unterstützt. Kinderbetreuungsangebote werden berücksichtigt.
7. Durch regelmäßige Evaluation wird der Erfolg der Maßnahmen geprüft. Die Kriterien der Evaluation sind zwischen den Betriebsparteien einvernehmlich festzulegen.
8. Der Erfolg der Qualifizierungsmaßnahmen wird durch Zielvereinbarungen mit den Führungskräften unterstützt.
9. Die primäre Weiterbildungsform ist das Präsenzlernen, bei Zustimmung der Interessenvertretung kann das Präsenzlernen durch andere Lernangebote ergänzt werden.
10. Um ein möglichst vielfältiges Angebot zu ermöglichen, wird die Kooperation mit anderen Betrieben angestrebt.

Diesen Vorschlag könnte der Arbeitgeber gut aufgreifen, weil sich Betriebe im gleichen Tätigkeitsfeld derzeit ebenfalls mit Regelungen zur KI befassen. Aufgrund der Geschwindigkeit der Entwicklung und Einführung von KI ist zu empfehlen, dass sich die Geschwindigkeit beim Entwickeln von Betriebsvereinbarungen ebenfalls erhöht. Ein Austausch mit anderen Betrieben (oder, wenn vom Arbeitgeber nicht gewünscht, der Austausch von Betriebsräten mit anderen Betriebsräten direkt oder auf Seminaren) ist hierfür zwingend nötig.

11. Betriebliche Bildungsmaßnahmen werden untergliedert in notwendige Maßnahmen und in freiwillige Angebote. Die Abstimmung erfolgt einvernehmlich zwischen den Betriebsparteien.
12. Alle Maßnahmen werden in der Arbeitszeit durchgeführt und gelten als Arbeitszeit. Beschäftigte werden freigestellt und der Arbeitgeber trägt die Kosten für Unterkunft und Verpflegung sowie die Fahrtkosten und eventuell anfallende Seminargebühren. Dies gilt auch für Maßnahmen im Rahmen der Aufstiegsfortbildung.

§ 11 Datenschutz-Folgenabschätzung

Die Datenschutzkonferenz hat eine Liste von Verarbeitungstätigkeiten[1] *veröffentlicht, für die eine Datenschutz-Folgenabschätzung (DSFA) durchzuführen ist. Unter anderem ist hier genannt: »Einsatz von künstlicher Intelligenz zur Verarbeitung personenbezogener Daten zur Steuerung der Interaktion mit den Betroffenen oder zur Bewertung persönlicher Aspekte der betroffenen Person«. Aus unserer Sicht bedeutet die in Art. 35 Abs. 9 DSGVO genannte Verpflichtung des/der Verantwortlichen, »gegebenenfalls den Standpunkt der betroffenen Personen oder ihrer Vertreter« einzuholen, die zwingende Beteiligung der Interessenvertretung an einer DSFA.*
Von einer genaueren Ausformulierung eines eigenen Paragrafen für eine Datenschutz-Folgenabschätzung haben wir an dieser Stelle Abstand genommen. Hilfreiche Dokumente dazu sind vielfach veröffentlicht worden, so z. B. von der Bundesbeauftragten für den Datenschutz und die Informationsfreiheit.[2]

1. Bevor ein von einer Betriebspartei als kritisch klassifiziertes KI-System im Betrieb eingesetzt werden kann, wird eine Datenschutz-Folgenabschätzung (DSFA) durchgeführt.
2. Dokumente zur Vorbereitung der DSFA, die Ergebnisse der Folgenabschätzung wie auch später vorgenommene Ergänzungen oder Aktualisierungen werden der Interessenvertretung und dem bzw. der Datenschutzbeauftragten umgehend und gleichzeitig zur Verfügung gestellt.
3. Die DSFA findet unter Beteiligung des KI-Rates statt. Für erkannte Risiken werden geeignete Maßnahmen zur Risikovermeidung oder -minimierung (Abhilfemaßnahmen) einvernehmlich entschieden, um ein hohes Sicherheitsniveau zu erreichen und die Gewährleis-

1 *https://www.datenschutzkonferenz-online.de/media/ah/20181017_ah_DSK_DSFA_Muss-Liste_Version_1.1_Deutsch.pdf (abgerufen am 7.10.2024).*
2 *https://www.bfdi.bund.de/SharedDocs/Downloads/DE/Muster/Muster_Hinweise_DSFA.pdf?__blob=publicationFile&v=7 (abgerufen am 7.10.2024).*

tungsziele der DSGVO hinsichtlich Datenminimierung, Verfügbarkeit, Integrität, Vertraulichkeit, Intervenierbarkeit, Nichtverkettbarkeit, Transparenz und Evaluierbarkeit zu garantieren.

4. Um eine transparente und nachweisbare Umsetzung der Anforderungen der DSGVO zu gewährleisten, sind die Schritte der DSFA in Berichtsform zu dokumentieren. Die Erstellung des DSFA-Berichts schließt die Durchführungsphase der DSFA ab.
5. Bei hohem Risiko werden die Ergebnisse des DSFA-Berichts mit dem KI-Rat beraten und ggf. wird Rat bei der zuständigen Datenschutzaufsichtsbehörde eingeholt.
6. Abschließend wird ein Prozess etabliert, der alle Maßnahmen und Anforderungen umfasst und in regelmäßigen Abständen evaluiert wird.

§ 12 Gefährdungsbeurteilung

Die Regeln zur Gefährdungsbeurteilung (GFB) wie auch ein konkretes Verfahren finden sich bestenfalls in einer eigenen Vereinbarung. Vermutlich wurde diese verfasst, bevor es zu KI-Systemen im Unternehmen kam. Daher sind die geltenden Regelungen zur GFB zu überprüfen. Bestehende Vereinbarungen sollten mögliche Auswirkungen, die aufgrund der Anwendung eines KI-Systems neu hinzukommen, aufnehmen und diese müssen daher überarbeitet werden. Wir schlagen eine Betrachtung verschiedener Aspekte vor, die wir im »Anhang: Gefährdungsbeurteilung« notiert haben.

1. Der Einsatz von KI-Systemen kann die physische und psychische Belastung von Beschäftigten beeinflussen. Um auszuschließen, dass vom Einsatz dieser Technologie unerwünschte Gefährdungen ausgehen, oder um diese zu vermindern, ist eine Gefährdungsbeurteilung erforderlich.
2. Der Arbeitgeber führt daher zusammen mit der Interessenvertretung Gefährdungsbeurteilungen durch, um die Erforderlichkeit, die Art und den Umfang von Maßnahmen zum Schutz vor physischen und psychischen Belastungen festzustellen. Dabei legen sich die Betriebsparteien einvernehmlich auf ein Verfahren zur Gefährdungsbeurteilung fest, das den Prozesscharakter von KI-Anwendungen berücksichtigt und die Expertise und das Erfahrungswissen der Beschäftigten miteinbezieht.
3. Der Zeitpunkt der erstmalig durchgeführten Gefährdungsbeurteilung liegt stets vor der Einführung des KI-Systems, bestenfalls bereits bei der Programmierung oder Auswahl der KI, und ist mit dem KI-Rat einvernehmlich abzustimmen. Der Arbeitgeber hat schriftlich zu begründen, warum eine Gefährdungsbeurteilung nicht schon im Zuge der Auswahl der KI erfolgen konnte.
4. Die Betriebsparteien einigen sich einvernehmlich auf einen Turnus, zu dem eine Neu-Evaluation der Beanspruchungen, Belastungen und der getroffenen Maßnahmen und ggf. Maßnahmen zur Anpassung vorzunehmen sind.

§ 13 Schlussbestimmungen

Anlage 1: Verfahren
Anlage 2: Begriffliche Orientierung
Anlage 3: Grundsätze – Leitplanken
Anlage 4: Orientierungspunkte für einen Kriterienkatalog zur Einschätzung der Kritikalität eines KI-Systems
Anlage 5: Steckbrief
Anlage 6: Datenkategorien und Verarbeitungszwecke
Anlage 7: Register
Anlage 8: Gefährdungsbeurteilung

Anlage 1: Verfahren

Hier stellen wir Grundzüge eines Verfahrensvorschlags vor, mit dem die Einführung von Systemen mit KI-Komponenten und die Änderung bestehender Systeme erleichtert werden können.
Bereits vor dem Einzug von KI-Systemen in betrieblichen Zusammenhängen wurden bei der Einführung von IT-Systemen Verfahren in Unternehmen entwickelt, die bei der Bewältigung steigender Mengen von Systemeinführungen unterstützen sollten – ohne die Mitbestimmung auszuhebeln. Solange sie gut funktionieren, sollten die etablierten Verfahren (ggf. ergänzt und angepasst) auch genutzt werden, wenn es um die Einführung von KI-Systemen geht. Wenn es aber hapert, dann bietet sich nun durch die Einführung von KI-Systemen auch die Möglichkeit, die etablierten (aber nicht zufriedenstellenden) Verfahren für die Beschäftigten sinnvoll abzuändern.
Häufiger Streitpunkt, so die Beobachtung aus unserer Beratungserfahrung, ist z. B. die Rechtzeitigkeit der Unterrichtung. § 80 BetrVG sieht eine rechtzeitige und umfassende Unterrichtung der Interessenvertretung vor.
Das anzuwendende Verfahren richtet sich nach der Kritikalitätsstufe des Systems. In welche Kritikalitätsstufe ein System fällt, ergibt sich aus der Befüllung des vereinbarten Kriterienkatalogs oder eines vereinbarten Einordnungsverfahrens (siehe Anlage 4).
Um die Mitbestimmung zu wahren, erhält das Gremium (auch für den Fall eines vorliegenden Dissenses) ein Veto-Recht auch für Systeme mit niedriger Kritikalitätsstufe und kann das Aussetzen der Systemeinführung bis zu einer Zustimmung verlangen.
Bei Einführung eines KI-Systems wird folgender Prozess zu einem Zeitpunkt angestoßen, an dem die Interessenvertretung noch Einfluss auf die Ausgestaltung des Systems und ggf. auf die Kaufentscheidung nehmen kann:

Phase 1: Vorprüfung des Systems, Ausfüllen des Steckbriefs und des Kriterienkatalogs zur Einschätzung der Kritikalität durch den Arbeitgeber

1. Nach einer Vorprüfung eines Systems füllt der Arbeitgeber den Steckbrief (Anlage 5) und die begründete Einschätzung zur Kritikalität (Anlage 4) aus – und stellt diese sowie weitere Unterlagen zum System und Unterlagen von Vorprüfungen (z. B. Rückmeldung des/der Datenschutzbeauftragten, Systembeschreibung) der Interessenvertretung in einer Ablagestruktur frühestmöglich zur Verfügung.

Eine Vorprüfung dient in der Regel dazu, potenzielle Probleme und Risiken frühzeitig zu identifizieren. In einem großen Unternehmen gehen wir, bevor ein KI-System eingeführt wurde, davon aus, dass eine Risikofolgenabschätzung, Datenschutz-Folgenabschätzung, Modelltests in einer Vorprüfung durchgeführt werden. Sollte es zu einer Datenschutz-Folgenabschätzung kommen, ist die Interessenvertretung einzubinden. Der Standpunkt der Interessenvertretung ist aktiv einzuholen. In diesen Unternehmen, insbesondere den regulierten, gibt es hier Prozedere, die etabliert sind. In einem kleineren Unternehmen sollten sich der Arbeitgeber und die Interessenvertretung frühestmöglich zusammenfinden, hierfür schlagen wir den KI-Rat vor (siehe § 5).

2. Liegt eine Empfehlung des Herstellers zur Kritikalität vor, ist diese nicht bindend. Bewertet der Arbeitgeber das System als hochriskant oder als System mit begrenztem Risiko, kann er direkt den KI-Rat zur vertieften Erörterung des KI-Systems einberufen.

Phase 2: Risikoklassifizierung des KI-Systems durch die Interessenvertretung

1. Die Interessenvertretung nimmt Unterlagen entgegen und bewertet – mit oder ohne Erörterung durch den Arbeitgeber und mit oder ohne Einberufung des KI-Rates – die Kritikalität des Systems gem. Anlage 4. Die Einschätzung zur Kritikalität durch die Interessenvertretung entscheidet das weitere Verfahren.
2. Es ergeben sich vier mögliche Verfahrensstufen:
   a) Kommt die Interessenvertretung zu der Einschätzung, dass es sich um ein System mit begrenztem Risiko handelt, wird das Steckbriefverfahren der Mitbestimmung (Anlage 1) durchgeführt (siehe Phase 3a).
   b) Kommt die Interessenvertretung zu der Einschätzung, dass es sich um ein hochriskantes System handelt, wird das Standardverfahren der Mitbestimmung durchgeführt (siehe Phase 3b).
   c) Kommt die Interessenvertretung zu der Einschätzung, dass es sich um ein unkritisches System handelt, wird das abgekürzte Verfahren durchgeführt (siehe Phase 3c).
   d) Kommt die Interessenvertretung zu der Einschätzung, dass es sich um ein verbotenes System handelt, darf das System nicht eingeführt werden.

Die vier Verfahrensstufen in dieser Mustervereinbarung ergeben sich aus der Risikoklassifikation der europäischen KI-Verordnung (unkritische KI-Systeme, KI-Systeme mit begrenztem Risiko, hochriskante KI-Systeme und verbotene KI-Systeme). Aus jeder Kategorie erlaubter KI-Systeme ergibt sich ein unterschiedliches Verfahren. Je nachdem, welche Risikostufen zwischen Arbeitgeber und Interessenvertretung vereinbart wurden, kann ein Verfahren mit mehr oder weniger Stufen genutzt werden (Anlage 4).

Phase 3: Beteiligungsverfahren

Das mitbestimmungsrechtliche Verfahren für diese Anwendung wird vor Inbetriebnahme eröffnet:

Phase 3a: Abgekürztes Verfahren – als unkritisch eingestuftes System

1. Die Interessenvertretung hat das System als unkritisch bewertet und die Zustimmung erteilt.
2. Das System wird in Anlage 7 gelistet.
3. Das System kann ausgerollt werden (Phase 4).
4. Die Evaluationsphase (Phase 4a) beginnt.

*Wir halten es für denkbar, nach einer gewissen Zeit beim abgekürzten Verfahren auf eine Bewertung der Interessenvertretung zu verzichten (Phase 3c, 1.). Dafür knüpfen wir das **abgekürzte Verfahren** vor Produktivsetzung eines Systems Vorbedingungen. Dazu gehört nicht nur gegenseitiges Vertrauen, sondern auch die bisherige gute und konstruktive Zusammenarbeit mit dem Arbeitgeber, strukturierte Unterlagen und ein funktionierendes Ablagesystem, ein Steckbrief mit ausführlicher Befüllung durch die Projekte/Fachbereiche. Zudem wurde ein Kriterienkatalog zur Einschätzung der Kritikalität gemeinsam erarbeitet und vereinbart und ein KI-Rat ist etabliert, welcher die mitbestimmungsrechtlichen Verfahren unterstützt.*
Im abgekürzten Verfahren, in dem das Gremium in vereinbarten Zeitabständen informiert wird, kann sich die Information der Interessenvertretung mit dem Zeitpunkt der Produktivsetzung überschneiden oder auch erst nach der Produktivsetzung erfolgen. Der Arbeitgeber dokumentiert jeden Verfahrensschritt und die Interessenvertretung kann jederzeit diese Dokumentation einsehen. Die Dokumentation am vereinbarten Ort hat immer unmittelbar nach der Befüllung der Dokumente zu erfolgen.
Es ist zudem nötig, sich darauf zu verständigen, dass die Interessenvertretung einseitig entscheiden kann, dass auch für unkritische Systeme die Zustimmung wieder benötigt wird.

Phase 3b: Steckbriefverfahren – als System mit begrenztem Risiko eingestuft

1. Die Interessenvertretung bewertet das System als eines mit begrenztem Risiko.
2. Die Zustimmung der Interessenvertretung erfolgt aufgrund des Steckbriefs einschließlich der Kritikalitätsbewertung.
3. Die Unterlagen werden an die Rahmenvereinbarung angehängt und in das Register (Anlage 7) aufgenommen. Der Roll-out erfolgt im Anschluss (Phase 4).

Wir schlagen vor, dass der Arbeitgeber im ersten Jahr alle Systeme – auch die nach Kriterienkatalog unkritischen – vor Umsetzung vorlegt, um die Kompatibilität der Einschätzungen von Arbeitgeber und Interessenvertretung zu erproben. In dieser Phase soll auch erprobt werden, ob dieses Verfahren in diesem Unternehmen tragfähig ist. Sobald ein abgekürztes Verfahren etabliert ist, werden alle unkritischen Systeme in diesem Verfahren geregelt.

Phase 3c: Standardverfahren – als hochriskant eingestuftes System

1. Die Interessenvertretung hat das System als hochriskant bewertet.
2. Der KI-Rat wird einberufen, um bestehende Unstimmigkeiten und offene Fragen zu klären.
3. Die Verhandlungen im Betriebsrat werden vorbereitet und weiterer Klärungsbedarf wird ermittelt.
4. Der KI-Rat entscheidet über die Notwendigkeit einer Datenschutz-Folgenabschätzung und einer Gefährdungsbeurteilung, falls diese noch nicht im Rahmen der Phase 1 erfolgt ist.
5. Aufnahme der Verhandlungen einer Vereinbarung

Es ist anzuraten, dass sich die Betriebsparteien vorab ohne konkreten Fall darüber einigen, was Inhalt und mögliche Ergebnisse dieser Verhandlungen sein können. Vorschlagen möchten wir drei mögliche Ergebnisse dieser Verhandlungen, welche dann auch schriftlich fixiert werden müssen:

1. *Pilotierungsvereinbarung: Es wird eine Pilotphase vereinbart und eine separate Pilotierungsvereinbarung erstellt. Der Umfang und die Dauer usw. sind zu regeln. Die Ergebnisse sind zu dokumentieren und mit der Interessenvertretung vor dem endgültigen Roll-out zu beraten. Für den Roll-out ist wieder die Regelung über Steckbrief oder eine endgültige Betriebsvereinbarung erforderlich.*
2. *Einzelne Betriebsvereinbarung zum System als Anlage zur Rahmenbetriebsvereinbarung: Eine Einigung wird erreicht, die Betriebsver-*

einbarung wird abgeschlossen. Der Roll-out erfolgt im Anschluss. Die Phase 4 wird eingeleitet.

3. *Keine Einigung: Erfolgt keine Einigung zwischen den Betriebsparteien, wird das System nicht ausgerollt. Im Konfliktfall kann die Interessenvertretung die bestehenden betriebsverfassungsrechtlichen Möglichkeiten wahrnehmen. Der/Die Arbeitergeber:in überarbeitet das Vorhaben (z. B. Anpassung oder Einschränkung des Systems, bessere technische und organisatorische Maßnahmen, weniger bzw. keine Verarbeitung beschäftigtenbezogener Daten, Einschränkung der Zwecke ...). Das überarbeitete Vorhaben wird der Interessenvertretung vorgelegt und das Verfahren wird ab Phase 1 erneut aufgenommen.*

Phase 3d: Nichteinführung – als zu riskant eingestuftes System

Wird das System durch den Arbeitgeber oder einvernehmlich im KI-Rat als zu riskant eingeschätzt, dann erfolgt keine Einführung.

Phase 4: Roll-out

Der Roll-out kann beginnen.

Phase 4a: Evaluation des abgekürzten Verfahrens

Evaluation vor der vierteljährlichen Information:
Die Interessenvertretung sieht von sich aus die dokumentierten Unterlagen *vor* der vierteljährlichen Information ein und kommt zu einer abweichenden Einschätzung der Kritikalität. In diesem Fall macht sie von ihrem Vetorecht Gebrauch. Der Arbeitgeber prüft die eingereichten Unterlagen und legt sie unter Umständen erneut vor. Das Verfahren wird wieder ab Phase 2 aufgenommen.

Evaluation der vierteljährlichen Information:
Die Interessenvertretung wird vierteljährlich gebündelt über die im abgekürzten Verfahren eingeführten Systeme informiert. Sie prüft die Dokumente und entscheidet, ob sie die Einschätzung des Arbeitgebers teilt. Bewertet sie das System ebenfalls als unkritisch, ist das Verfahren beendet. Teilt sie die Einschätzung des Arbeitgebers nicht, macht sie von ihrem Vetorecht Gebrauch und das Standardverfahren nach Phase 3b wird eröffnet.

Phase 5: Regelmäßige Überprüfung und Wiedervorlage bei Änderungen der Einschätzung der Kritikalitätsstufe (gilt unabhängig von der Kritikalitätsstufe)

Das von uns vorgeschlagene mehrstufige Verfahren beinhaltet u. a. eine regelmäßige Überprüfung, auch und insbesondere des Verfahrens selbst. Das Bundesamt für Sicherheit in der Informationstechnik (BSI) nennt diese Phase »Kontinuierliche Entwicklungsphase« und definiert diese folgendermaßen: »Da KI-Systeme dynamisch sein können und sich die Anforderungen und/oder die Umgebung stetig verändern können, muss sich die Evaluationsphase nahtlos an den Start der Anwendungsphase anschließen. Sie läuft bei sich selbst ändernden Systemen im Sinne einer permanenten Überwachung parallel zur Anwendungsphase. Für die Evaluation unerlässlich ist die Rückmeldung der Interessenträger, z. B. bzgl. Schadens-, Not- oder Störfällen. Hierzu müssen entsprechende Reaktions- und Rückkopplungsmöglichkeiten zur Verfügung stehen.«[1] Alle Beteiligten sollen die Möglichkeit erhalten, Erfahrungen zu sammeln, um so ein Verfahren zu entwickeln, welches der Spezifik des Unternehmens entspricht. Den Interessenvertretungen ist anzuraten, sich intern nach den ersten IT-Systemen, die KI beinhalten und nach dieser Rahmenvereinbarung eingeführt wurden, Gedanken über ihre eigene Rolle im Verfahren zu machen:

- *Wie wurden wir einbezogen?*
- *War das ausreichend?*
- *Konnten unsere Fragen gestellt werden und wurden sie beantwortet?*
- *Welche Informationen haben gefehlt?*

1. Bei Systemen mit begrenztem Risiko oder hochriskanten Systemen erfolgt eine regelmäßige (z. B. [halb-]jährliche) Überprüfung des Systems und der Betriebsvereinbarung. Dies kann eine Anpassung der Dokumente bzw. der Regelung zu einem KI-System erforderlich machen. Sollte eine der beiden Betriebsparteien zur Ansicht kommen, dass sich die Kritikalitätsstufe eines einzelnen KI-Systems (z. B. durch Systemerweiterungen) geändert hat, kann sie verlangen, dass das in dieser Anlage geregelte Verfahren umgehend erneut durchlaufen werden muss und der Kriterienkatalog ergänzt/verändert wird.
2. Für den Fall, dass die von dem Arbeitgeber oder der Interessenvertretung getroffene Einschätzung eines KI-Systems unzutreffend war – z. B. aufgrund neuer Erkenntnisse – und dies erst nach der Ein-

---

1 *https://www.bsi.bund.de/SharedDocs/Downloads/DE/BSI/KI/Whitepaper-Transparenz-KI-Systeme.pdf?__blob=publicationFile&v=3 (abgerufen am 26. 8. 2024). Das BSI versucht, in dieser Publikation eine technikneutrale und zukunftstaugliche Definition wiederzugeben.*

führung von dem Arbeitgeber oder der Interessenvertretung erkannt wurde, werden auf Anregung einer der Betriebsparteien unverzüglich Gespräche im KI-Rat aufgenommen, um nachträglich eine tragfähige und schnelle Einigung zu erzielen.

3. Während dieses Prozesses wird das entsprechende KI-System durch geeignete technische Maßnahmen so konfiguriert, dass die vorliegende Rahmenbetriebsvereinbarung und, falls das KI-System durch eine Vereinbarung geregelt wurde, die entsprechende Betriebsvereinbarung eingehalten werden können. Sollte dies im Rahmen der technischen Möglichkeiten nicht realisierbar sein, dann muss auf organisatorische Maßnahmen zurückgegriffen werden. Andernfalls wird sichergestellt, dass das System nicht weiter zur Verfügung steht (Abschaltung).
4. Eine Abschaltung kann nur mit Zustimmung der Interessenvertretung wieder ausgesetzt werden. Die Absprachen hierzu sind mindestens in Textform zu treffen.

Anlage 2: Begriffliche Orientierung

Die hier gewählte Definition von KI entstammt der neuesten Version des AI Acts, die in der Berichtigung des Europäischen Parlaments vom 17. 4. 2024 veröffentlicht wurde.[2] *Eine betriebseigene Definition, die Bestandteile des AI Acts konkretisiert, kann auch Bestandteil der begrifflichen Orientierung sein. Das Glossar selbst beinhaltet nur wenige Definitionen. In der Regel existieren in den Unternehmen als Anlagen zu bestehenden Betriebsvereinbarungen schon Glossare.*

Künstliche Intelligenz

1. Ein KI-System ist ein maschinengestütztes System, das so konzipiert ist, dass es mit unterschiedlichem Grad an Autonomie operieren und nach dem Einsatz Anpassungsfähigkeit zeigen kann, und das für explizite oder implizite Ziele aus den Eingaben, die es erhält, ableitet, wie es Ergebnisse wie Vorhersagen, Inhalte, Empfehlungen oder Entscheidungen erzeugen kann, die physische oder virtuelle Umgebungen beeinflussen können.
2. Ein Hauptmerkmal von KI-Systemen ist ihre Fähigkeit, Schlussfolgerungen zu ziehen. Diese Fähigkeit zur Schlussfolgerung bezieht sich auf den Prozess der Gewinnung von Ergebnissen wie Vorhersagen, Inhalten, Empfehlungen oder Entscheidungen, die physische und virtuelle Umgebungen beeinflussen können, sowie auf die Fähigkeit von KI-Systemen, Modelle oder Algorithmen oder beides aus Eingaben oder Daten abzuleiten.
3. Zu den Techniken, die beim Aufbau eines KI-Systems Schlussfolgerungen ermöglichen, gehören Ansätze des maschinellen Lernens, die aus Daten lernen, wie bestimmte Ziele zu erreichen sind, sowie logik- und wissensbasierte Ansätze, die aus kodiertem Wissen oder einer symbolischen Darstellung der zu lösenden Aufgabe Schlussfolgerungen ziehen. Die Fähigkeit eines KI-Systems, Schlüsse zu ziehen, geht über die reine Datenverarbeitung hinaus, indem es Lernen, Schlussfolgerungen oder Modellierung ermöglicht.
4. Der Begriff »maschinenbasiert« bedeutet, dass KI-Systeme auf Hardware-Infrastrukturen laufen, welche die erforderlichen Rechenprozesse zur Verarbeitung und Analyse von Daten durchführen.

---

2 *https://www.europarl.europa.eu/doceo/document/TA-9-2024-0138-FNL-COR01_DE.pdf* (abgerufen am 7. 10. 2024). Die hier verwendete Definition orientiert sich am Art. 3 (S. 166 des verlinkten Dokuments).

5. Der Hinweis auf explizite oder implizite Ziele verdeutlicht, dass KI-Systeme entweder nach klar definierten und ausdrücklich formulierten Zielen (expliziten Zielen) oder nach nicht direkt genannten, aber implizit im System enthaltenen Zielen (impliziten Zielen) operieren können. Diese Ziele des KI-Systems können dabei von dem beabsichtigten Zweck, den Menschen in einem bestimmten Anwendungsbereich für das System vorgesehen haben, abweichen. Ein KI-System kann beispielsweise so programmiert sein, dass es optimale Lösungen für logistische Probleme findet (explizites Ziel), während es gleichzeitig unbeabsichtigte Auswirkungen auf die Arbeitsbedingungen der Beschäftigten haben kann (implizites Ziel).
6. Die Anpassungsfähigkeit, die ein KI-System nach dem Einsatz aufweisen kann, bezieht sich auf die Selbstlernfähigkeit, die es dem System ermöglicht, sich während des Einsatzes zu verändern.
7. KI-Systeme können als eigenständiges System oder als Bestandteil eines Produkts verwendet werden, unabhängig davon, ob das System physisch in das Produkt integriert ist (eingebettet) oder ob es der Funktionalität des Produkts dient, ohne in dieses integriert zu sein (nicht eingebettet).

Transparenz

8. Bedeutet, dass die Anwendenden die verbriefte Möglichkeit haben, Ziele und Wirkungsweisen von »autonomen« und »selbstlernenden« Algorithmen sowie der entsprechenden algorithmischen Entscheidungssysteme in allen wesentlichen Schritten zu überblicken, um intervenieren zu können.
9. »Sofern Verantwortliche eine KI-Anwendung nicht selbst entwickeln, müssen sie darauf achten, dass ihnen vom Anbieter ausreichend Informationen zur Verfügung gestellt werden, um die Transparenzanforderungen der Art. 12 ff. DSGVO umsetzen zu können. Dafür haben die Hersteller den KI-Anwendern entsprechende Dokumentationen bereitzustellen. Wird die KI-Anwendung als Cloud-Lösung eingesetzt, ist der Auftragsverarbeiter gemäß Art. 28 Abs. 3 Satz 2 lit. e DSGVO verpflichtet, den Verantwortlichen dabei zu unterstützen, den Rechten der betroffenen Person nachzukommen.«[3]

---

3 2024, DSK-Orientierungshilfe, Punkt 21 – *https://www.datenschutzkonferenz-online.de/media/oh/20240506_DSK_Orientierungshilfe_KI_und_Datenschutz.pdf* (abgerufen am 7. 10. 2024).

Modelltest

10. Modelltests im Zusammenhang mit Pilotverfahren im Kontext von KI beziehen sich auf Tests oder Experimente, die durchgeführt werden, um die Leistung, Funktionalität und Praktikabilität eines KI-Modells in einem realen oder simulierten Umfeld zu überprüfen, bevor es vollständig implementiert wird. Diese Tests dienen dazu, potenzielle Probleme zu identifizieren, die Modellgenauigkeit zu bewerten und sicherzustellen, dass das KI-Modell die erwarteten Ergebnisse erzielt.
11. In einem Pilotverfahren wird das KI-Modell zunächst in begrenztem Umfang oder anhand einer ausgewählten Gruppe von Daten getestet, um zu überprüfen, wie gut es in der realen Welt funktioniert. Während dieser Pilotphase werden Modelltests durchgeführt, um sicherzustellen, dass das Modell in der Lage ist, die beabsichtigte Aufgabe oder Funktion korrekt auszuführen. Die Tests können auch dazu dienen, potenzielle Schwachstellen oder Fehlfunktionen des Modells aufzudecken, um ggf. Anpassungen vor der breiteren Einführung vorzunehmen.
12. Die Ergebnisse der Modelltests im Rahmen des Pilotverfahrens helfen den Entwickler*innen, eine fundierte Entscheidung darüber zu treffen, ob das KI-Modell für den tatsächlichen Einsatz bereit ist oder ob weitere Verbesserungen und Anpassungen erforderlich sind, um die gewünschte Leistung und Zuverlässigkeit zu erreichen.

Statische KI-Systeme

13. Viele KI-Systeme, insbesondere in kommerziellen Anwendungen, verwenden statische Modelle und Algorithmen, die während der Entwicklungsphase trainiert wurden. Diese Modelle sind feststehend und können ihre Algorithmen oder Strukturen nach der Bereitstellung nicht spontan ändern. Wenn Änderungen erforderlich sind, müssen die Entwickler das Modell neu trainieren und das aktualisierte Modell erneut in das System integrieren.

Adaptive KI-Systeme

14. Einige fortschrittliche KI-Systeme, die auf Konzepten des maschinellen Lernens wie verstärkendem Lernen oder evolutionären Algorithmen basieren, haben die Fähigkeit, sich selbst anzupassen und zu lernen. Diese Systeme können in gewissem Maße ihre eigenen Algorithmen ändern oder anpassen, um auf sich ändernde Daten oder

Bedingungen zu reagieren. Dies erfordert jedoch oft eine spezielle Architektur und einen hohen Grad an Komplexität.

Robustheit

15. KI-Systeme müssen robust sein, um sicherzustellen, dass sie in einer Vielzahl von Szenarien zuverlässig und korrekt funktionieren, insbesondere in kritischen Anwendungen, bei denen Fehler gravierende Folgen haben können. Wenn eine KI nicht robust ist, bedeutet dies, dass sie anfällig für Fehler, Manipulationen oder unvorhersehbare Ergebnisse sein kann, insbesondere wenn sie mit unerwarteten Eingaben oder mit unbekannten Umgebungen konfrontiert wird. Eine solche Instabilität kann dazu führen, dass das System falsche Vorhersagen trifft, leicht durch gezielte Angriffe gestört wird oder in kritischen Anwendungen versagt, was potenziell schwerwiegende Folgen für Sicherheit, Datenschutz und Vertrauen in die Technologie haben kann.

Anlage 3: Ethische Grundsätze und Leitplanken

Diese Anlage beinhaltet eine knappe Fassung wichtiger Grundsätze, die aktuell im gesellschaftlichen Diskurs und im Austausch von Sachverständigen eine Rolle spielen. Die Realisierbarkeit dieser Forderungen hängt von vielen Faktoren ab, z.B. von der Branche und den betrieblichen Aushandlungsmodalitäten.
Jeder einzelne Punkt in dieser Aufzählung könnte weitere Unterpunkte haben. Hier findet sich ein Vorschlag für eine erste Liste.
Diese Grundsätze/Leitplanken dienen der Orientierung für die Planung und Ausgestaltung von KI-Systemen. Sie sind zugleich zwingend zu erfüllende Kriterien für die Einführung und Anwendung von KI-Systemen. Die Einhaltung der hier formulierten Grundsätze/Leitplanken ist Bestandteil des Fragenkatalogs (Anlage 5).
Um die Einhaltung der Kriterien zu sichern, ist die Beteiligung der Interessenvertretung ggf. unter Hinzuziehung von Sachverständigen sowie der Beschäftigten sowohl bei Planung und Entwicklung von KI-Systemen als auch bei ihrer Einführung und Anwendung zu gewährleisten. Aufgrund der dynamischen Entwicklung von KI-Systemen ist diese Anlage mindestens einmal jährlich von den Betriebsparteien zu prüfen und ggf. anzupassen.
Bei der Gestaltung und der Anwendung von KI-Systemen gelten die Europäische Charta der Menschenrechte, das Grundgesetz, die EU-Datenschutz-Grundverordnung, die Anforderungen gem. »Hambacher Erklärung« der Datenschützer,[4] das Bundesdatenschutzgesetz sowie die Gesetze zum Arbeits- und Gesundheitsschutz. Darüber hinaus verpflichten sich die Betriebsparteien auf folgende ethische Grundsätze/Leitplanken:

Menschliche Entscheidungshoheit, Aufsicht, Kontrolle und Beherrschbarkeit

1. Eine angemessene menschliche Aufsicht und Kontrolle über die Entscheidungsprozesse der KI ist erforderlich, um mögliche Fehlfunktionen zu erkennen und zu korrigieren.
2. KI-Systeme sollten niemals uneingeschränkt autonom handeln.
3. KI-Systeme sind stets so zu entwickeln und einzusetzen, dass sie beherrschbar bleiben.

4 *https://www.datenschutzkonferenz-online.de/media/en/20190405_hambacher_erklaerung.pdf* (abgerufen am 7.10.2024).

4. Bei KI-Systemen, die Berührungspunkte mit Beschäftigten – z. B. im Arbeitsprozess – haben, liegt die Entscheidungshoheit bei den Beschäftigten. Die Interventionsmöglichkeit der Beschäftigten muss jederzeit gegeben sein. Dies beinhaltet auch das Recht, sich gegen die Entscheidung des KI-Systems zu entscheiden oder, wenn möglich, das System abzuschalten, ohne dass dies arbeitsrechtliche Konsequenzen nach sich zieht.
5. KI-Systeme dürfen nur für Entscheidungen über Sachen und Sachmittel (Energie, Material, Heizung, Verkehr, Mobilität etc.) eingesetzt werden.

Technische Robustheit und Sicherheit

6. Die funktionale Sicherheit des KI-Systems muss gewährleistet sein. Es muss robust und widerstandsfähig gegenüber Fehlern und Manipulationen sein, um zuverlässige Ergebnisse zu erzielen. Integrität und Vertraulichkeit müssen gewährleistet sein.

Transparenz

7. KI-Systeme müssen so gestaltet sein, dass ihre Funktionsweise und Entscheidungsgrundlagen für die Beschäftigten verständlich und nachvollziehbar sind.
8. Diese Anforderung bezieht sich auf die verwendeten Daten und ihre Herkunft sowie den Algorithmus bzw. die Algorithmen, die im entsprechenden KI-System die Daten verarbeiten.
9. Es muss gewährleistet bleiben, dass die Beschäftigten nachvollziehen können, wie das KI-System ausgehend von den verwendeten Daten unter Nutzung der angewendeten Algorithmen zu den Ergebnissen kommt.

Nichtdiskriminierung und Barrierefreiheit

10. Durch KI-Systeme dürfen keine Beschäftigten benachteiligt werden.
11. KI-Systeme sollen für alle Beschäftigten, die in die betroffenen Arbeitsprozesse eingebunden sind, zugänglich sein. Mögliche Ausnahmen von diesem Grundsatz bedürfen der Zustimmung der betrieblichen Interessenvertretung.
12. Über die Einführung und Anwendung von KI-Systemen ist auch mit der Schwerbehindertenvertretung (ggf. JAV und dem/der Gleichstellungsbeauftragten) zu beraten.

13. KI-Systeme dürfen Beschäftigte nicht rassistisch oder wegen der ethnischen Herkunft, des Geschlechts, der Religion oder Weltanschauung, einer Behinderung, des Alters oder der sexuellen Identität benachteiligen.

Verbesserung der Lebens- und Arbeitsbedingungen

14. KI-Systeme sollen zu einer Entlastung führen und Freiräume schaffen. Sie sollen die Lebens- und Arbeitsbedingungen verbessern, indem sie beispielsweise die Gesundheit schützen, den Arbeitsalltag erleichtern, die Persönlichkeit und den gesellschaftlichen Zusammenhalt fördern und nicht zu einer Verdichtung von Arbeit führen.
15. Das Lieferkettengesetz ist anzuwenden, ggf. mit einer Selbstverpflichtung des Arbeitgebers. Es muss sichergestellt werden, dass ein KI-System nicht durch ausbeuterische Arbeit trainiert wurde. Es sollen lediglich solche KI-Produkte ausgewählt werden, die unter guten Arbeitsbedingungen für alle in der Lieferkette Beteiligten hergestellt wurden.

Klimaneutralität und Nachhaltigkeit

16. Klimaneutralität und Nachhaltigkeit müssen wesentliche Zulassungskriterien für die Implementierung derartiger KI-Systeme sein.
17. Der Einsatz von Ressourcen (u. a. seltene Erden) und ihr Energieverbrauch müssen in einem angemessenen Verhältnis zu ihrem Nutzen stehen. Die Logik der KI-Systeme muss auf nachhaltige Entscheidungen ausgerichtet sein.
18. Es sind alle Anstrengungen zu unternehmen, die KI einzusetzen, die am wenigsten Ressourcen verbraucht. Stets ist zu prüfen, ob die aus Umweltgesichtspunkten beste KI eingesetzt wird. Diese Prüfung hat schon im Verfahren der Auswahl eines Systems zu erfolgen. Die getroffene Entscheidung ist schriftlich festzuhalten.

Anlage 4: Kriterienkatalog zur Einschätzung der Kritikalität eines KI-Systems

Es ist davon auszugehen, dass die Betriebsräte es nicht verhindern können, dass Künstliche Intelligenz in neuen Systemen fest implementiert ist oder dass bestehende Systeme Updates erfahren, die überhaupt nicht zu verhindern sind, und dass Unternehmen dazu gezwungen werden, Einführungen vorzunehmen.
Zugleich gehen wir davon aus, dass dies in einem Umfang geschieht, den die Betriebsräte dann nicht mehr bewältigen können, wenn alle Systeme mit KI-Komponenten mit derselben Intensität begutachtet werden sollen. Manche Anwendungen sind in Bezug auf die Beschäftigtendaten und die Auswirkungen auf die Beschäftigten in der Tat unproblematisch.
Das bedeutet, dass die Betriebsräte (aber auch die Arbeitgeber) eine Möglichkeit finden müssen, wie sie KI-Systeme einordnen und auf diese Weise herausfiltern können, mit welchen Systemen sie sich wie befassen sollen. Wir stellen im Folgenden einen Kriterienkatalog vor, der viele mögliche Kriterien für die Einordnung eines Systems aufführt. Ein Element des Katalogs ist die Einteilung in Kritikalitätsstufen.
In unserem hier vorgelegten Vorschlag einer Betriebsvereinbarung haben wir für KI-Systeme eine Einteilung vorgenommen, die unkritische Systeme, Systeme mit begrenztem Risiko und hochriskante Systeme im Verfahren voneinander abgrenzt. Damit folgen wir den Kritikalitätsstufen des AI Acts. Wir haben uns dafür entschieden, weil wir davon ausgehen, dass sich die Arbeitgeber zum großen Teil dieser durch den AI Act abgesicherten Einteilung anschließen werden. Wir treffen damit keinesfalls die Aussage, dass das die beste Einteilung ist. Die beste Einteilung ist die, auf welche sich die Betriebsparteien einvernehmlich einigen können und welche sie handlungsfähig macht. In dieser Anlage machen wir daher verschiedene Vorschläge, wie eine Einteilung aussehen könnte.
Der hier vorgelegte Katalog beinhaltet neben einer Einteilung in die Kritikalitätsstufen, die für das dann zu wählende Verfahren relevant sind, noch andere Fragestellungen, die auch an eine »normale« IT-Anwendung gestellt werden können. In einer IT-Rahmenvereinbarung finden sich gewiss schon derartige Fragestellungen. Die Liste kann und soll je nach Situation angepasst werden.

Anlage 4: Kriterienkatalog zur Einschätzung der Kritikalität eines KI-Systems

Nr.	Kriterium	ja	nein
Verhaltens- und Leistungskontrolle			
1	Werden Beschäftigtendaten verarbeitet?		
2	Sind Reports und Auswertungen möglich?		
3	Enthalten einzelne Reports und Auswertungen nicht anonymisierte Beschäftigtendaten?		
4	Eignet sich das KI-System für eine Verhaltens- und Leistungskontrolle? (Mitbestimmung nach § 87 Abs. 1 Nr. 6 BetrVG -> Kritikalitätsstufe ist mindestens »begrenztes Risiko«)		
Zusammenspiel von Mensch und Maschine *(Das in den folgenden vier Punkten dargestellte Mensch-Maschine-Verhältnis ist ein Kriterium für die Einstufung in die verschiedenen Kritikalitätsstufen. Zu welcher Stufe die Nr. 5 bis 8 führen, sollte Bestandteil eines Austauschs zwischen den Betriebsparteien sein.)*			
5	Das KI-System unterstützt lediglich die Entscheidungsfindung von menschlichen Nutzer*innen durch die Erweiterung ihrer Arbeit, aber jede Entscheidung wird letztlich von einem Menschen getroffen. Das bedeutet, dass Menschen jederzeit die vollständige Kontrolle über ein System haben. (Human Control – HC)		
6	Bei diesem Ansatz ist der Mensch aktiv in den Entscheidungsprozess der KI einbezogen. Menschen überwachen und steuern die Aktionen der KI und können eingreifen, um Korrekturen vorzunehmen oder Entscheidungen zu treffen, die die KI nicht eigenständig treffen kann. Dies ist besonders in Bereichen wichtig, in denen ethische, rechtliche oder komplexe Entscheidungen erforderlich sind (Beispiele: medizinische Diagnose, Kreditvergabe, Lebens-/Krankenversicherungsverträge). (Human-in-the-Loop – HITL)		

Nr.	Kriterium	ja	nein
7	In diesem Modell überwachen Menschen die Entscheidungen und Aktionen der KI, greifen aber nur ein, wenn es notwendig ist. Die KI arbeitet weitgehend autonom, aber menschliche Aufsicht ist vorhanden, um sicherzustellen, dass die Systeme wie vorgesehen funktionieren, und um bei Bedarf korrigierend einzugreifen (Beispiele: Verkehrsüberwachungssysteme, automatisierte Überwachung der Produktion). (Human-on-the-Loop – HOTL)		
8	Das KI-System arbeitet vollständig autonom und Menschen sind in den Prozess nicht mehr eingebunden. Es gibt keine regelmäßige menschliche Überwachung oder regelmäßigen menschlichen Eingriffe. Der Mensch kann sich nur entscheiden, das System zu benutzen oder nicht. Dies wird typischerweise in Umgebungen eingesetzt, in denen schnelle Entscheidungen erforderlich sind, die über menschliche Fähigkeiten hinausgehen, oder in Situationen, in denen menschliche Eingriffe als zu riskant oder unpraktisch angesehen werden (Beispiele: Hochfrequenzhandel in der Finanzwelt, autonome Fahrzeuge). (Human-out-of-the-Loop – HOOTL)		
Auswirkungen auf die Arbeitsqualität, Arbeitszufriedenheit, Arbeitsorganisation und Arbeitsintensität			
9	Wird von einem Rückgang der Arbeitsmotivation ausgegangen, da sich Beschäftigte durch die Einführung des KI-Systems überflüssig(er) vorkommen?		
10	Verändert sich der Arbeitsinhalt durch die Einführung?		
11	Verändern sich Arbeitsprozesse bzw. Prozessschritte?		
12	Hat das KI-System Auswirkungen auf die Arbeitsorganisation und Arbeitsintensität?		
13	Besteht die Gefahr, dass durch das KI-System Fachwissen oder kreative Fähigkeiten abnehmen, da diese durch die KI ersetzt werden?		

Nr.	Kriterium	ja	nein
14	Erfordert das KI-System eine kontinuierliche Weiterbildung, um damit effektiv arbeiten zu können?		
15	Verringern sich durch das KI-System Routinearbeiten?		
16	Erhöht sich durch das KI-System der Umfang von Routinearbeiten?		
17	Wird davon ausgegangen oder ist es geplant, dass die Einführung des KI-Systems zu einem Abbau von Arbeitsplätzen oder zu Arbeitsverlagerungen in dem Bereich führt, in welchem das KI-System eingesetzt wird?		
Technische Aspekte			
18	Rückholbarkeit des Systems nach Einführung *(Wenn ein neues KI-System eingeführt wird, dann kann es – auch wenn später festgestellt wird, dass es Auswirkungen hat, die mitbestimmungspflichtig sind – nicht mehr in jedem Fall abgeschaltet werden. Ebenso kann eine Systemerweiterung zuerst als unproblematisch erscheinen, später bei aufkommenden Problemen dennoch nicht mehr zurückgenommen werden. Da wir davon ausgehen, dass nicht alle Folgen und Auswirkungen von KI-Systemen in der Einführungsphase erkannt werden, haben wir in das Verfahren einen Rückholmechanismus eingebaut, der eine Möglichkeit eröffnen kann, nachträglich noch eine Einigung zu erzwingen. Dieser Mechanismus könnte auch Teil der Betriebsvereinbarung selbst sein.)*		
19	Handelt es sich um ein kontinuierlich lernendes System?		
Kritikalitätsstufen			
	Im Folgenden finden sich drei Vorschläge, wie eine Einteilung in verschiedene Kritikalitätsstufen aussehen könnte, welche dann unterschiedliche Maßnahmen zur Folge haben. Der KI-Rat (siehe § 5) muss sich auf eine Kategorisierung verständigen. Es ist auch möglich, ganz andere Kategorisierungsmöglichkeiten zu finden. Aber zentral ist, dass die Einschätzung von allen Betriebsparteien geteilt wird, sonst wird es bei anzuwendenden Maßnahmen immer wieder zu Konflikten kommen.		

Anlage 4: Kriterienkatalog zur Einschätzung der Kritikalität eines KI-Systems

Nr.	Kriterium	ja	nein
	Der erste Vorschlag entstammt dem Gutachten der Datenethikkommission (DEK). Diese wurde 2018 von der Bundesregierung eingesetzt und erhielt den Auftrag, »innerhalb eines Jahres ethische Maßstäbe und Leitlinien sowie konkrete Handlungsempfehlungen für den Schutz des Einzelnen, die Wahrung des gesellschaftlichen Zusammenlebens und die Sicherung und Förderung des Wohlstands im Informationszeitalter zu entwickeln«. Entwickelt wurde eine Kritikalitätspyramide, aus welcher sich fünf verschiedene Stufen oder Kritikalitätsgrade ergeben. »Der Kritikalitätsgrad soll Gesetzgeber und Gesellschaft bei der Suche nach geeigneten Regulierungsschwellen und -instrumenten anleiten, kann aber auch Entwicklern und Betreibern bei der Selbsteinschätzung ihrer Produkte und Systeme Orientierung bieten und schließlich in Aus-, Fort- und Weiterbildung für die Sensibilisierung und Schulung unterschiedlicher Akteure eingesetzt werden.« Die Pyramide ist im Bericht auf S. 177 zu finden.[5] Der zweite Vorschlag orientiert sich am AI Act, der in seiner konsolidierten Fassung am 14.5.2024 veröffentlicht wurde.[6] Der AI Act kategorisiert KI-Systeme in drei Kategorien: verbotene, hochriskante (Art. 6 und Anlage III) und unkritische. Die unkritischen KI-Systeme werden nicht in einem eigenen Kapital genannt, sondern all das, was nicht verboten oder hochriskant ist, zählt als unkritisch. Zugleich jedoch (so in Erwägungsgrund 53) finden sich auch Begrifflichkeiten wie »begrenzte Risiken«. Der dritte Vorschlag orientiert sich an der Konzernbetriebsvereinbarung über die Einführung und den Einsatz von Systemen der Künstlichen Intelligenz / Artificial Intelligence, welche 2020 bei IBM abgeschlossen wurde.[7] In diesem Vorschlag ist der Schwerpunkt auf die Verhaltens- und Leistungskontrolle gelegt, was die Einteilung näher zu einem wesentlichen Punkt für die Beschäftigten führt. Aus unserer Sicht sollten jedoch noch weitere Elemente ausschlaggebende Kriterien sein, so z. B. der Datenschutz, die Transparenz und Nachvollziehbarkeit der Entscheidungen und Auswirkungen auf Arbeitsorganisation und -alltag.		

5 *https://www.bmi.bund.de/SharedDocs/downloads/DE/publikationen/themen/it-digitalpolitik/gutachten-datenethikkommission.pdf;jsessionid=0FAAE93C7195439F547B8D2755C2F256.live872?__blob=publicationFile&v=7*) (abgerufen am 17.3.2025).

6 *https://data.consilium.europa.eu/doc/document/PE-24-2024-INIT/de/pdf* (abgerufen am 17.3.2025).

7 *https://ver-und-entsorgung.verdi.de/++file++655dfad8fab3cf945c65fb45/download/05%20DBRT-RahmenBV%20KI%20kommentiert%20V1.1.pdf* (abgerufen am 17.3.2025).

Vorschlag 1: Kritikalitätsstufen (Datenethikkommission)			**Einschätzung von Arbeitgeber und Interessenvertretung**
20	Es handelt sich um ein KI-System ohne oder mit geringem Schädigungspotenzial. Nötig ist nach DEK z. B. eine Stellungnahme zur Entscheidungslogik, eine Nennung der verwendeten Datengrundlage.	unkritisch	
21	Es handelt sich um ein KI-System mit einem gewissen Schädigungspotenzial. Als Maßnahmen werden z. B. formelle und materielle Anforderungen (wie Transparenzpflichten, Veröffentlichung einer Risikofolgenabschätzung) oder Kontrollverfahren (wie Offenlegungspflichten gegenüber Aufsichtsinstitutionen, Ex-post-Kontrolle, Auditverfahren) genannt.	begrenztes Risiko	
22	Es handelt sich um ein KI-System mit regelmäßigem oder deutlichem Schädigungspotenzial. Als hinzukommende Maßnahmen werden z. B. Ex-ante-Zulassungsverfahren genannt.	hochriskant	
23	Es handelt sich um ein KI-System mit erheblichem Schädigungspotenzial. Als hinzukommende Maßnahme wird z. B. eine Live-Schnittstelle zur kontinuierlichen Kontrolle durch Aufsichtsinstitutionen genannt.	hochriskant	
24	Es handelt sich um ein KI-System mit unvertretbarem Schädigungspotenzial. Dann ist die Anwendung vollständig oder teilweise zu verbieten.	verboten	

Vorschlag 2: AI Act *(für diese Einteilung haben wir uns im Gesamtdokument entschieden)*			
20	Es handelt sich um ein unkritisches KI-System.	unkritisch	
21	Es handelt sich um ein KI-System mit begrenztem Risiko.	begrenztes Risiko	
22	Es handelt sich um ein hochriskantes KI-System.[8] *Aus unserer Sicht ist ein System, welches Verhaltens- und Leistungskontrolle ermöglicht, im Interessenvertretungskontext ein hochriskantes KI-System. Auch selbstverändernde und selbstlernende Systeme sollten, insbesondere wenn sie Beschäftigtendaten verarbeiten, als hochriskant eingestuft werden.*	hochriskant	
23	Es handelt sich um ein verbotenes KI-System.	verboten	
Vorschlag 3: Betriebsvereinbarung IBM			
20	Kategorie 1: Ohne Verhaltens- und/oder Leistungskontrolle. Das System dient nur der Information der Beschäftigten.	unkritisch	
21	Kategorie 2: Ohne Verhaltens- und/oder Leistungskontrolle. Das System dient nur der Information der Beschäftigten und der direkten Führungskräfte.	unkritisch	

8 Vgl. *https://eur-lex.europa.eu/legal-content/DE/TXT/HTML/?uri=OJ:L_202401689#d1e2947-1-1* (Kapitel III Art. 6) und *https://eur-lex.europa.eu/legal-content/DE/TXT/HTML/?uri=OJ:L_202401689#d1e38-127-1* (Anhang 3) (abgerufen am 11.10.2024). Laut Art. 6 stellt die Kommission spätestens zum 2.2.2026 eine umfassende Liste praktischer Beispiele für Anwendungsfälle für KI-Systeme, die hochriskant oder nicht hochriskant sind, bereit.

22	Kategorie 3: Mit Verhaltens- und/oder Leistungskontrolle. Es besteht eine geringe Wahrscheinlichkeit des Eintritts eines Schadens. Unter Schaden ist hier der negative Einfluss auf das Arbeitsverhältnis (z. B. Karriereverlauf, Entlohnung, disziplinarische Maßnahmen) gemeint.	begrenztes Risiko	
23	Kategorie 4: Mit Verhaltens- und/oder Leistungskontrolle. Es besteht eine höhere Wahrscheinlichkeit des Eintritts eines Schadens.	hochriskant	
24	Kategorie 5: Empfehlungen für oder automatische Entscheidungen über Personalmaßnahmen jeder Art; ohne Chancen-/Nutzenpotenzial für Arbeitnehmer*innen	hochriskant	

Anlage 5: Steckbrief IT-System

*Der Steckbrief ist ein wesentlicher Bestandteil der Phase 3 des Verfahrens. Er geht in Umfang und Inhalt deutlich über die Anlage zum Kriterienkatalog hinaus. Die einzelnen Themenblöcke und Fragen sind im Gremium zu erörtern, manche können entfallen, weitere eine andere Wichtigkeit erhalten. Die Interessenvertretung sollte sich bei Erstellung die Frage stellen, ob sie – ausgestattet mit einem komplett ausgefüllten Steckbrief – die zu regelnden Sachverhalte verstanden hat und ggf. auch einem Dritten erklären könnte. Es spricht nichts dagegen, sich von den Computerexpert*innen im Haus das einzelne KI-System bzw. die neue KI-Komponente im Detail erklären zu lassen. Ziel und Anspruch im Unternehmen könnte eine »erklärungsfähige KI« (siehe unten) sein, also eine KI, die ohne irgendwelche Blackboxes auskommt. Bei einer Blackbox sind zwar der Input (Daten, die verarbeitet werden) und der Output (Ergebnisse von Berechnungen) bekannt, nicht aber die Vorgänge dazwischen. Sinnvoll kann auch sein nachzufragen, wie die Techniker*innen das Problem oder die Aufgabe lösen würden, wenn gar keine KI-Komponente zur Verfügung stünde oder deren Einsatz nicht erlaubt wäre.*
Im Idealfall wird dem Arbeitgeber deutlich, dass er die Informationen aus dem Steckbrief so oder so benötigt. Dann wird der Steckbrief proaktiv und zu einem frühestmöglichen Zeitpunkt ausgefüllt und zur Verfügung gestellt. Manche Elemente des Steckbriefs könnten sich auch in der Vereinbarung selbst finden.
Erläuterung einzelner Spezifika des Steckbriefs:
Betrifft die KI-Komponente sensible Prozesse im Hinblick auf Beschäftigte (z. B. Beurteilungen, BEM, Zulagen, Bewerbungen, Qualifizierungsbedarf)?

- ***Beurteilungen:** KI-Systeme könnten zur Leistungsbeurteilung von Beschäftigten eingesetzt werden, indem sie Daten aus verschiedenen Quellen wie Arbeitszeit, Feedback von Kolleg*innen und Vorgesetzten sowie weiteren Leistungsindikatoren analysieren. Diese Systeme könnten Muster erkennen und »objektivere« Bewertungen ermöglichen, bergen jedoch auch Risiken hinsichtlich Datenschutz und fairer Beurteilung.*
- ***Betriebliches Eingliederungsmanagement (BEM):** KI könnte beim BEM verwendet werden, um Muster in Krankheitszeiten zu erkennen und vorbeugende Maßnahmen vorzuschlagen. Sie könnte auch dazu beitragen, individuelle Eingliederungspläne zu erstellen, indem sie die spezifischen Bedürfnisse und Fähigkeiten der Beschäftigten berücksichtigt.*
- ***Zulagen:** KI-Systeme könnten zur Verwaltung und Zuteilung von Zulagen eingesetzt werden, indem sie Leistungsdaten, Betriebszugehörigkeit, spezielle Fähigkeiten oder andere relevante Faktoren analysieren, um faire und gerechte Zulagenentscheidungen zu unterstützen.*

- ***Bewerbungsverfahren:*** *KI kann im Recruiting-Prozess genutzt werden, um Lebensläufe zu scannen und geeignete Kandidat*innen zu identifizieren. Sie könnte auch bei der Vorauswahl helfen, indem sie die Übereinstimmung der Fähigkeiten und Erfahrungen der Bewerber*innen mit den Jobanforderungen analysiert.*
- ***Ermittlung des Qualifizierungsbedarfs:*** *KI kann eingesetzt werden, um den Schulungs- und Entwicklungsbedarf der Beschäftigten zu analysieren. Durch die Auswertung von Leistungsdaten, aktuellen Kompetenzen und zukünftigen Unternehmensanforderungen kann KI helfen, individuelle und gruppenbezogene Qualifizierungspläne zu erstellen.*
  Lassen sich alle Entscheidungen der KI transparent darstellen?
  Genaue Beschreibung der Arbeitsweise der KI: Transparenz Entscheidungsweg/Algorithmus
  Eine KI, in der alle Entscheidungen und alle Entscheidungswege transparent dargestellt werden, wird oft als »Explainable AI« (XAI) oder erklärungsfähige KI bezeichnet. XAI ist ein Forschungsbereich, der darauf abzielt, die Funktionsweise von KI-Systemen verständlich und nachvollziehbar zu machen. Es wäre unserer Ansicht nach eine sinnvolle Entscheidung eines Unternehmens (und daher auch ein empfehlenswerter Anspruch für eine Verhandlung zu einer Rahmenbetriebsvereinbarung), ausschließlich XAI zu verwenden. Die folgenden Merkmale zeichnen eine erklärungsfähige KI aus:
- ***Nachvollziehbarkeit:*** *Erklärungsfähige KI-Modelle ermöglichen es, zu verstehen, wie die KI zu einer bestimmten Entscheidung gelangt ist. Dies beinhaltet die Offenlegung der verwendeten Daten, Algorithmen und der Entscheidungslogik.*
- ***Transparenz:*** *Transparente KI-Systeme bieten Einblick in ihre Funktionsweise. Dies bedeutet, dass sowohl die Prozesse als auch die Algorithmen klar dargelegt werden, so dass auch die Interessenvertretung und die Beschäftigten die Grundprinzipien des Systems verstehen können, nicht nur die Computerexpert*innen im Unternehmen.*
- ***Verständlichkeit:*** *Die Erklärungen und Informationen, die eine erklärungsfähige KI bereitstellt, sollten in einer Form dargestellt sein, die für den/die Endnutzer:in verständlich ist. Dies kann durch visuelle Darstellungen, einfache Zusammenfassungen oder detaillierte Berichte erfolgen.*
- ***Rechenschaftspflicht und Vertrauen:*** *Erklärungsfähige KI fördert das Vertrauen in KI-Systeme, indem sie es den Beschäftigten ermöglicht, die Entscheidungen der KI zu überprüfen und zu verstehen. Dies ist besonders wichtig in Bereichen, in denen KI-Entscheidungen erhebliche Auswirkungen auf Menschen haben können.*

- ***Einhaltung ethischer und rechtlicher Standards:*** *Durch die Transparenz der Entscheidungsfindung kann sichergestellt werden, dass KI-Systeme ethische Richtlinien und rechtliche Vorgaben einhalten. Dies setzt logischerweise voraus, dass sich die Betriebsparteien auf ethische Grundsätze verständigt haben (siehe Anlage 3).*
- ***Benutzerzentrierter Ansatz:*** *XAI beinhaltet oft einen benutzerzentrierten Ansatz, der darauf abzielt, die Bedürfnisse und Anforderungen der Nutzer*innen zu berücksichtigen, um effektive Erklärungen zu liefern.*
- ***Kontinuierliches Lernen:*** *Unserer Ansicht nach berechtigt, lösen KI-Systeme, die kontinuierlich lernen, ein größeres Unbehagen bei den Beschäftigten aus. In Gesprächen mit Betriebsräten sind uns die folgenden Bedenken begegnet. Hier sollte mit Schulungen, Aufklärung, Verwendung von XAI reagiert werden.*
- ***Arbeitsplatzunsicherheit und Jobverlust:*** *Wenn eine KI kontinuierlich lernt und sich verbessert, kann sie zunehmend Aufgaben übernehmen, die zuvor von Menschen ausgeführt wurden. Dies führt zu Befürchtungen über Arbeitsplatzverluste, insbesondere in Branchen, die stark von manuellen oder sich wiederholenden Arbeitsschritten abhängen.*
- ***Veränderte Arbeitsanforderungen:*** *Kontinuierlich lernende KI-Systeme könnten die Anforderungen an die Fähigkeiten der Beschäftigten verändern. Diese müssen möglicherweise neue Fähigkeiten erlernen oder sich anpassen, um mit den fortschrittlichen Systemen umgehen zu können. Dies kann Druck und Stress verursachen, insbesondere für ältere Beschäftigte oder solche, die Schwierigkeiten haben, sich an neue Technologien anzupassen.*
- ***Überwachung und Datenschutz:*** *KI-Systeme, die kontinuierlich lernen, sammeln und analysieren häufig große Mengen an Daten. Dies wirft Bedenken hinsichtlich der Überwachung am Arbeitsplatz und des Schutzes persönlicher Daten auf, insbesondere wenn die KI Daten über das Verhalten und die Leistung der Beschäftigten erfasst.*
- ***Vertrauensverlust:*** *Beschäftigte entwickeln teils Misstrauen gegenüber KI-Systemen, insbesondere wenn diese Systeme Fehler machen oder Entscheidungen treffen, die als unfair oder undurchsichtig empfunden werden. Dies kann zu einer Verschlechterung der Beziehungen am Arbeitsplatz und zu einer geringeren Akzeptanz von KI-Technologien führen.*
- ***Psychologische Auswirkungen:*** *Die kontinuierliche Anpassung an KI-gesteuerte Arbeitsumgebungen erhöht den Stress und die Unsicherheit für die Beschäftigten. Manche spüren einen Druck, mit den Fähigkeiten der KI mithalten zu müssen, was zu Burn-out und anderen psychischen Belastungen führen kann.*

- ***Ethische Bedenken:*** *Die fortschreitende Entwicklung von KI wirft auch ethische Fragen auf, etwa in Bezug auf die Verantwortlichkeit für Entscheidungen, die von der KI getroffen werden. Es kann unklar sein, wer für Fehler oder problematische Entscheidungen der KI verantwortlich ist.*

Teil 1: Allgemeine Beschreibung
1.1 Ziel und Hintergrund der Einführung des IT-Systems, Aufgaben des IT-Systems *Bitte das Ziel und den Hintergrund der Einführung beschreiben, z. B. Digitalisierung von bestimmten Abläufen, Vereinfachung der Arbeit oder Verbesserung der Zusammenarbeit in bestimmten Bereichen oder auch die Umsetzung (neuer) regulatorischer Vorgaben. Dabei bitte auch erläutern, welche »Aufgaben« das IT-System im Unternehmen übernimmt.*
1.2 Art der Einführung ☐ Pilotbetrieb ☐ Produktivbetrieb ☐ Sonstiges: ______________________
1.3 Zeitplan für die Einführung
1.4 Ansprechpartner:in/Owner Fachbereich *Bitte den Namen des/der für die Anforderung verantwortlichen Mitarbeitenden angeben, wenn vorhanden.*
1.5 Ansprechpartner:in/Owner IT *Bitte den Namen des/der für die Anforderung verantwortlichen Mitarbeitenden angeben.*

1.6 Geltungsbereich (Unternehmen/Betriebe)

Dieser Steckbrief gilt für: ______________________________

☐ folgende Betriebe/Unternehmen:
Bitte betroffene Betriebe/Unternehmen eintragen.

Teil 2: Detaillierte Beschreibung des einzuführenden IT-Systems

2.1 Bezeichnung des IT-Systems
Bitte Name und Version des IT-Systems angeben.

2.2 Hersteller/Dienstleister
Bitte Name des Herstellers angeben.

2.3 Bestandteile/Module des Systems
Sofern das System über unterschiedliche Bestandteile/Module/Funktionalitäten/Services o. Ä. verfügt, bitte erläutern, welche konkret eingeführt bzw. nicht eingeführt werden. Falls das System nicht über verschiedene Bestandteile/Module o. Ä. verfügt, dies bitte kurz festhalten.

2.4 Risiken für das Unternehmen
Bitte Risiken angeben.

☐ Bei Einführung: ______________________________

☐ Bei Nichteinführung: ______________________________

2.5 Art des IT-Systems

☐ Eigenentwicklung
☐ Extern eingekaufte Lösung

☐ On-Premises Software
☐ Cloud
- ☐ Public
- ☐ Private
- ☐ Hybrid
- ☐ Software-as-a-Service (SaaS)
- ☐ Platform-as-a-Service (PaaS)
- ☐ Infrastructure-as-a-Service (IaaS)

☐ Sonstiges: ______________________________

2.6 Einordnung in die bestehende Systemlandschaft/Systemarchitektur inklusive Schnittstellen
Bitte alle Schnittstellen, über die Beschäftigtendaten mit anderen Systemen ausgetauscht werden, und die Richtung des Datenflusses eintragen. Gegebenenfalls können Schnittstellen auch über einen Verweis auf eine Anlage dargestellt werden.

Teil 3: Auswirkungen auf Unternehmen/Beschäftigte

3.1 Änderungen von Betrieb/Betriebsteilen (§ 90 [Planung], § 95 [Sozialauswahl], § 111 [Betriebsänderung] BetrVG)
Bitte näher erläutern.

3.2 Beschäftigungseffekte mit Einführung des IT-Systems
Z. B.: »Durch die Einführung und Anwendung des IT-Systems können mittelfristig Arbeitsplätze im Bereich … entfallen.« Bitte ggf. weitere oder andere Erläuterungen eintragen, bitte vollständige Sätze, nicht nur Stichworte.

- ☐ Personalabbau:
- ☐ Rekrutierung:
- ☐ Sonstiges:
- ☐ Keine Effekte

3.3 Weiterqualifizierung (auch: Beschäftigungssicherung)
Hier geht es nicht um die Schulung für den Umgang mit dem System, sondern um anderweitigen Qualifizierungsbedarf als Folge der Einführung des Systems. Also z. B. erläutern, ob durch die Einführung des Systems Beschäftigte (um-)geschult werden müssen, weil sich etwa ihre Arbeitsweise ändert oder bestimmte Tätigkeiten wegfallen und dafür andere Aufgaben entstehen.

Teil 4: Auswirkungen auf Arbeitsplatz/Arbeitsabläufe

4.1 Arbeitsablauf der Anwender*innen
*Bitte die konkreten Auswirkungen auf den Arbeitsablauf der Anwender*innen angeben.*

4.2 Qualifizierungsbedarf *Hier geht es um die Schulung für den Umgang mit dem System. Bitte Qualifizierungsbedarf im Hinblick auf die Anwendung darstellen. Bitte ggf. Erläuterungen eintragen, welche Art von Schulungen für welche Gruppe von Beschäftigten erfolgen soll.*
4.3 Gefährdungsbeurteilung, Ergonomie und Arbeitssicherheit: Gibt es spezifische Anforderungen für das System? *Bitte ggf. Erläuterungen eintragen, welche Maßnahmen zur Gewährleistung von Ergonomie und Arbeitssicherheit ergriffen werden.*
4.4 Sonstige Auswirkungen *Bitte sonstige Maßnahmen/Auswirkungen eintragen.*
Teil 5: Verarbeitung von Beschäftigtendaten
5.1 Abschließende Auflistung der verarbeiteten Daten mit Zweck der Datenverarbeitung Siehe Anlage 6. *Bitte Datenkategorien und Verarbeitungszwecke in der Anlage ausfüllen und diese dem Steckbrief IT-System beifügen.*
5.2 Datenschutz-Folgenabschätzung (DSFA) / Einschätzung des Datenschutzbeauftragten (DSB) **Eine DSFA (Art. 35 DSGVO)** ☐ wird noch erstellt und nachgereicht. ☐ ist als Anlage zum Steckbrief beigefügt. ☐ ist nicht erforderlich, weil die Datenverarbeitung durch das System aufgrund der Art, des Umfangs, der Umstände und der Zwecke der Verarbeitung voraussichtlich kein hohes Risiko für die Rechte und Freiheiten natürlicher Personen zur Folge hat. ☐ Alternative/Sonstige Einschätzung des DSB: ____________________ ____________________ *Bitte näher erläutern.*

5.3 Zugriffs- und Berechtigungskonzept Das Zugriffs- und Berechtigungskonzept umfasst folgende Rollen: *Bitte beschreiben Sie alle Rollen, wie z. B. unterschiedliche Typen von Nutzer*innen und Administrator*innen; bitte beschreiben Sie zudem die wesentlichen Unterschiede in den Berechtigungen der unterschiedlichen Rollen. Gegebenenfalls Verweis auf eine weitere Anlage.*
5.4 Auswertungen/Reports/Analysen *Bitte erläutern Sie, welche Auswertungen/Reports/Analysen, in denen Beschäftigtendaten verarbeitet werden, mit dem System durchgeführt werden können und sollen. Begründung der Erforderlichkeit der personenbezogenen Verarbeitung im Einzelnen – mit Angabe der Empfänger*innen. Gegebenenfalls Verweis auf eine weitere Anlage.*
5.5 Exporte/Importe der Daten in ein anderes System oder aus einem anderen System *Bitte erläutern Sie, welche Exporte oder Importe es gibt, in denen Beschäftigtendaten verarbeitet werden, z. B. Excel, SAP.*
5.6 Löschfristen/Löschkonzept *Bitte beschreiben Sie die Löschfristen oder fügen Sie ein Löschkonzept als Anlage bei.*
Teil 6: KI-Teil
6.1 Allgemeine Information zur KI
6.1.1 Um welche Art von KI-Anwendung handelt es sich? Bitte ankreuzen: ☐ Es handelt sich um eine externe KI-Entwicklung. ☐ Es handelt sich um eine interne KI-Entwicklung.

6.1.2 Beschreibung der Aufgaben der KI-Komponente(n) innerhalb des Systems. Kommt KI nur in einem abgegrenzten Teil des Systems zum Einsatz? Was wäre ohne diese Komponente(n) nicht möglich? *Bitte näher erläutern und dabei insbesondere auch auf folgende Punkte eingehen:* • *Betrifft die KI-Komponente sensible Prozesse im Hinblick auf Beschäftigte (z. B. Beurteilungen, BEM, Zulagen, Bewerbungen, Qualifizierungsbedarf)?* • *Lassen sich alle Entscheidungen der KI transparent darstellen? Genaue Beschreibung der Arbeitsweise der KI: Transparenz Entscheidungsweg/Algorithmus* • *Beinhaltet die KI eine Komponente, die mit Beschäftigten interagiert (z. B. Chatbot, visueller Deepfake)? Wenn ja, ist sichergestellt, dass die Beschäftigten vor der Interaktion darüber informiert werden, dass eine KI mit ihnen interagiert? Wie geschieht das?*
6.1.3 Vorschlag der Einstufung in die betrieblich vereinbarte Kategorisierung der Kritikalität der KI (siehe § 4 und Anlage 4) *Sollte noch keine Einigung über die Kategorisierung erfolgt sein, aber das System dennoch eingeführt werden müssen, soll hier eine begründete Einschätzung zur Kritikalität formuliert werden.*
6.1.4 Welche Daten werden von der KI verwendet (z. B. Bilder, Text, tabellarische Daten, Beschäftigtendaten, Zeitreihen, Graphen, Transaktionen, Kund*innendaten) und woher stammen diese Daten (z. B. auch Vergleichsportale, Social Media)? *Bitte näher erläutern.*
6.1.5 Welche Kriterien wurden für die Datenauswahl herangezogen? *Bitte näher erläutern.*

6.1.6 Liegen geeignete Rohdaten vor und wurde die Datenmenge auf das zum Anlernen erforderliche Minimum reduziert? *Bitte näher erläutern.*
6.1.7 Aus welchen Quellen stammen die für das Training benötigten Rohdaten? *Beispiel: Fachbereich XYZ oder synthetische Daten vom AWS Mechanical Turk*
6.2 Involvierte Logik
6.2.1 Wie funktioniert die KI (Aufbau, Struktur Ablauf)? *Bitte näher erläutern.*
6.2.2 Falls die KI-Funktionalität nur in einem Teil des Systems zur Anwendung kommt: Welche Beschäftigtendaten werden von der KI verarbeitet? *Verweis auf Anlage 6 möglich, falls dort ersichtlich*
6.2.3 Was sind die Grundannahmen des hinter der KI stehenden Algorithmus? *Bitte näher erläutern.*
6.2.4 Welche Methoden, insbesondere zur Berechnung, verwendet die KI? *Bitte näher erläutern.*

6.2.5 Beschreibung der Trainingsphase bzw. des Trainingszyklus *Bitte näher erläutern.*
6.2.6 Welche Daten werden aus der operativen Anwendung des Systems und wie erneut zum Training der KI verwendet? *Bitte näher erläutern.*
6.2.7 Ist die Wiedereingabe beschäftigtenbezogener Daten geplant? *Bitte näher erläutern.*
6.2.8 Mit welcher ungefähren Fehlerrate ist im Produktivbetrieb zu rechnen bzw. welche Fehlerrate erscheint noch tolerierbar im Produktivbetrieb (ohne negative Folgen für die betroffenen Personen)? *Beispiel: Fehlerrate in XYZ-Anwendung liegt bei ca. 3 % (Syntax), allerdings ist der Sinnzusammenhang (Semantik) nur in 0,5 % der Fälle betroffen. Schlecht erkannte Texte werden in 99,9 % der Fälle automatisch als solche erkannt und manuell überprüft. Dadurch können negative Folgen für die betroffenen Personen nahezu ausgeschlossen werden.*
6.2.9 Nach welchem Verfahren soll die Fehlerrate im Testbetrieb überprüft werden? *Beispiel: Präzision, Trefferquote oder XYZ-Score*
6.2.10 Soll die Datenbeschaffung aus der Fachabteilung erfolgen? *Bitte näher erläutern.*

6.2.11 Nach welchen Verfahren müssen die Rohdaten »veredelt« werden (z. B. Normalisierung, Standardisierung, Komplettierung oder Fehlerbereinigung)? *Beispiel: Entfernung von Metadaten, manuelles Ausfiltern von beschäftigtenbeziehbaren Inhalten.*
6.2.12 Können in den Rohdaten diskriminierende oder unerwünschte Einflussfaktoren enthalten sein? Wenn ja, wie können diese entfernt werden? *Beispiel: detaillierte Modellevaluierung auf Basis bestimmter Eingangsvariablen.*
6.2.13 Welche unerwünschten Ergebnisse könnte die KI-Anwendung ausgeben und welche negativen Folgen könnte dies für die betroffenen Personen haben? *Beispiel: falsche Spracherfassung, Verzögerung der nachfolgenden Bearbeitung, Missverständnisse.* *Bitte bei der Beantwortung der Frage insbesondere auch auf folgende Punkte eingehen:* • *Wie wurde das Vorteilsrisiko (Bias) bewertet/transparent gemacht?* • *Wie ist das Ergebnis der Risikoabschätzung? (auch Risiken für Beschäftigte, Missbrauchspotenziale, Verhinderung subtiler Beeinflussung)*
6.2.14 Soll die KI-Anwendung zur Entscheidungsfindung gegenüber betroffenen Personen führen, die für diese rechtserheblich ist oder diese ähnlich beeinträchtigt? Wenn ja, mit welchen Entscheidungen und Folgen ist zu rechnen? *Beispiel: Nein, die Bearbeitung der Schadensmeldung und die Entscheidung darüber erfolgen im Anschluss durch natürliche Personen.* *Wenn ja: Bitte bei der Beantwortung insbesondere auf folgende Punkte eingehen:* • *Welche menschliche Entscheidung soll durch die Anwendung unterstützt oder ersetzt werden?* • *Grad der menschlichen Beteiligung (z. B. Autonomiegrade)* • *Eingriffsmöglichkeiten von Beschäftigten bei Fehlentscheidungen/automatischen Entscheidungen*

6.3 Tragweite und die angestrebten Auswirkungen der Verarbeitung
6.3.1 Worüber wird entschieden? *Bitte näher erläutern.*
6.3.2 Welche Entscheidungsmöglichkeiten bestehen? *Bitte näher erläutern.*
6.3.3 Welche Verarbeitungsergebnisse führen zu welcher Entscheidung? *Bitte näher erläutern.*
6.3.4 Welche Aussagekraft haben die gewonnenen Ergebniswerte? *Bitte näher erläutern.*
6.4 Zweckänderung
6.4.1 Werden Daten für das Training der KI verwendet, die ursprünglich nicht zu diesem Zweck verarbeitet wurden? Falls ja, auf welcher Grundlage ist die Zweckänderung zulässig? *Bitte in Anlage 6 näher erläutern.*
Anlagen zum Steckbrief
x Datenkategorien und Verarbeitungszwecke x Visualisierung (z. B. für Systemarchitektur/Schnittstellen) ☐ Sonstige Anlagen *Bitte Anlagen aufführen.*

Anlage 6: Datenkategorien und Verarbeitungszwecke

Anlage zum Steckbrief für das System […] Verarbeitete beschäftigtenbezogene Daten und Verarbeitungszwecke						
Datenkategorie Welche Arten von beschäftigtenbezogenen/-beziehbaren Daten* werden für die Datenverarbeitung verwendet? Bitte ankreuzen und ggf. ergänzen.	**Beschäftigte als Nutzende des Systems**	**Zweck* der Verarbeitung**	**Beschäftigte in anderer Eigenschaft (z. B. Beschäftigte als Objekt der Verarbeitung [Versicherungsnehmer*innen, Bewerber*innen, aus Beschäftigungsverhältnis])** ☐ Trifft für das System nicht zu (Nachstehende Felder in dieser Spalte sind in diesem Fall NICHT auszufüllen.)	**Zweck der Verarbeitung**	**Wird diese Datenkategorie auch durch die KI verarbeitet?** ☐ Trifft für das System nicht zu (Nachstehende Felder in dieser Spalte sind in diesem Fall NICHT auszufüllen.)	**Werden die Daten für andere oder zusätzliche Zwecke verarbeitet als ursprünglich (Zweckänderung)?** ☐ Trifft für das System nicht zu (Nachstehende Felder in dieser Spalte sind in diesem Fall NICHT auszufüllen.)
Name, Vorname	☐ ja ☐ nein		☐ ja ☐ nein		☐ ja ☐ nein	☐ ja Falls ja, welche(n): ☐ nein

Nutzernummer/ Personalnummer/ Anmelde-ID etc.	☐ ja Falls ja, welche: ☐ nein		☐ ja ☐ nein		☐ ja ☐ nein	☐ ja Falls ja, welche(n): ☐ nein
Weitere Daten, durch die ein Personenbezug herstellbar ist (z. B. IP-Adresse, Tech-Nummer)	☐ ja Falls ja, welche: ☐ nein		☐ ja ☐ nein		☐ ja ☐ nein	☐ ja Falls ja, welche(n): ☐ nein
Geburtsdatum	☐ ja ☐ nein		☐ ja ☐ nein		☐ ja ☐ nein	☐ ja Falls ja, welche(n): ☐ nein
Dienstliche Anschrift	☐ ja ☐ nein		☐ ja ☐ nein		☐ ja ☐ nein	☐ ja Falls ja, welche(n): ☐ nein
Private Anschrift	☐ ja ☐ nein		☐ ja ☐ nein		☐ ja ☐ nein	☐ ja Falls ja, welche(n): ☐ nein
Kontaktdaten (z. B. Mobilfunknummer, Social-Media-Accounts)	☐ ja Falls ja, welche: ☐ nein		☐ ja ☐ nein		☐ ja ☐ nein	☐ ja Falls ja, welche(n): ☐ nein

Inhaltsdaten, z. B. in von Nutzenden erzeugten Inhalten, in denen beschäftigtenbezogene Daten enthalten sind (Mails, Chats etc.)	☐ ja Falls ja, welche: ☐ nein		☐ ja ☐ nein		☐ ja ☐ nein	☐ ja Falls ja, welche(n): ☐ nein
z. B. Foto-/Video-/Audiodateien, in denen beschäftigtenbezogene Daten enthalten sind	☐ ja Falls ja, welche: ☐ nein		☐ ja ☐ nein		☐ ja ☐ nein	☐ ja Falls ja, welche(n): ☐ nein
Weitere Identifikationsdaten/Stammdaten	☐ ja Falls ja, welche: ☐ nein		☐ ja ☐ nein		☐ ja ☐ nein	☐ ja Falls ja, welche(n): ☐ nein
Beschäftigtenbezogene Logdaten (zur Eingabekontrolle erforderlich)	☐ ja Welche Daten: Login-Zeiten (Datum und Uhrzeit): ☐ nein		☐ ja ☐ nein		☐ ja ☐ nein	☐ ja Falls ja, welche(n): ☐ nein
Lokalisierungsdaten (z. B. Aufenthaltsort, Wegstrecke, GPS)	☐ ja Falls ja, welche: ☐ nein		☐ ja ☐ nein		☐ ja ☐ nein	☐ ja Falls ja, welche(n): ☐ nein

Daten, welche die Verfolgung von Straftaten und Ordnungswidrigkeiten betreffen	☐ ja Falls ja, welche: ☐ nein		☐ ja ☐ nein		☐ ja ☐ nein	☐ ja Falls ja, welche(n): ☐ nein
Daten, die dem Steuergeheimnis unterliegen	☐ ja Falls ja, welche: ☐ nein		☐ ja ☐ nein		☐ ja ☐ nein	☐ ja Falls ja, welche(n): ☐ nein
Daten, die dem Sozialgeheimnis unterliegen	☐ ja Falls ja, welche: ☐ nein		☐ ja ☐ nein		☐ ja ☐ nein	☐ ja Falls ja, welche(n): ☐ nein
Daten, die dem Berufsgeheimnis unterliegen	☐ ja Falls ja, welche: ☐ nein		☐ ja ☐ nein		☐ ja ☐ nein	☐ ja Falls ja, welche(n): ☐ nein
Daten, die einem besonderen Amtsgeheimnis unterliegen	☐ ja Falls ja, welche: ☐ nein		☐ ja ☐ nein		☐ ja ☐ nein	☐ ja Falls ja, welche(n): ☐ nein
Beschäftigte als Kund*innen (z. B. Angebotsdaten, Vertragsdaten)	☐ ja Falls ja, welche: ☐ nein		☐ ja ☐ nein		☐ ja ☐ nein	☐ ja Falls ja, welche(n): ☐ nein

Weitere beschäftigtenbezogene/-beziehbare Daten (z. B. Bankverbindungen, Gehalts-/Entgeltdaten, Steuer-ID, Bonitätsinformationen, Zeitwirtschaftsdaten, Personalausweisdaten)	☐ ja Falls ja, welche: ☐ nein		☐ ja ☐ nein		☐ ja ☐ nein	☐ ja Falls ja, welche(n): ☐ nein
Rassische und ethnische Herkunft, politische Meinung	☐ ja ☐ nein		☐ ja ☐ nein		☐ ja ☐ nein	☐ ja Falls ja, welche(n): ☐ nein
Religiöse oder weltanschauliche Überzeugungen	☐ ja ☐ nein		☐ ja ☐ nein		☐ ja ☐ nein	☐ ja Falls ja, welche(n): ☐ nein
Gewerkschaftszugehörigkeit	☐ ja ☐ nein		☐ ja ☐ nein		☐ ja ☐ nein	☐ ja Falls ja, welche(n): ☐ nein
Genetische Daten	☐ ja ☐ nein		☐ ja ☐ nein		☐ ja ☐ nein	☐ ja Falls ja, welche(n): ☐ nein

Biometrische Daten (z. B. Fingerabdruck, Gesichtserkennung)	☐ ja ☐ nein		☐ ja ☐ nein		☐ ja ☐ nein	☐ ja Falls ja, welche(n): ☐ nein
Gesundheitsdaten einschließlich Schwerbehinderung	☐ ja ☐ nein		☐ ja ☐ nein		☐ ja ☐ nein	☐ ja Falls ja, welche(n): ☐ nein
Daten zum Sexualleben oder zur sexuellen Orientierung	☐ ja ☐ nein		☐ ja ☐ nein		☐ ja ☐ nein	☐ ja Falls ja, welche(n): ☐ nein

* *Typische* ***Verarbeitungszwecke*** *sind etwa:*

- *Gewährleistung der IT-Sicherheit und Funktionsfähigkeit des Systems*
- *Durchführung des Beschäftigungsverhältnisses mit Beschäftigten, insbesondere:*
  - *Zusammenarbeit der Beschäftigten untereinander (gemeinsame Bearbeitung von Dateien, Abstimmung von Terminen etc., Feststellung des Bearbeitungsstatus, inhaltliche Weiterbearbeitung freigegebener Arbeitsergebnisse etc.)*
  - *Arbeitsorganisation (z. B. Zuweisung von Tätigkeiten/Projekten/ Arbeitsaufträgen, Ablaufkoordination, Sicherstellung der Verfügbarkeit / Identifizierung der Arbeitsbelastung)*
  - *Leistungskontrolle – konkrete Beschreibung des Zwecks (z. B. zur Bemessung einer variablen Vergütung)*
  - *Verhaltenskontrolle – konkrete Beschreibung des Zwecks (z. B. Zutrittskontrolle, Arbeitszeiterfassung/Arbeitszeitgesetz)*
  - *Personalplanung/Personalverwaltung*
  - *Lohnabrechnung und -zahlung*
  - *Arbeitszeiterfassung, Dokumentation von Arbeitszeiten*
  - *Anbahnung eines Beschäftigungsverhältnisses, Recruiting-Zwecke*
  - *Beendigung eines Beschäftigungsverhältnisses – konkrete Beschreibung des Zwecks (z. B. Erstellung eines Kündigungsschreibens, Erstellung des Arbeitszeugnisses, Auszahlung noch ausstehender Entgelte, Urlaubsabgeltung)*
- *Finanzcontrolling – konkrete Beschreibung des Zwecks (z. B. Kostencontrolling, Budgetcontrolling, Gewinn-undVerlust-Rechnung, Risikocontrolling)*
- *Marketing, Förderung des Vertriebs der eigenen Produkte/unternehmerischen Aktivitäten – konkrete Beschreibung des Zwecks (z. B. Versenden von Marketing-E-Mails oder Newsletters, Verwendung von Werbe-Cookies, Sammlung der [Marketing-]Präferenzen und -Interessen)*
- *Prozesscontrolling – konkrete Beschreibung des Zwecks (z. B. Analyse von Prozesslaufzeiten, Analyse von Arbeitsaufwänden und -rückständen)*
- *Vertriebscontrolling – konkrete Beschreibung des Zwecks (z. B. Produktionsauswertung und -steuerung, Provisionscontrolling)*
- *Verwaltung und Optimierung der Kundenbeziehungen – konkrete Beschreibung des Zwecks (z. B. Aktionen und personalisierte Marketing-Mitteilungen per E-Mail oder Social Media, Speicherung der Vertragshistorie, Sammlung und Auswertung von Feedback)*
- *Umsetzung von betriebsinternen Prozessen durch digitale Lösungen (z. B. Freigabe von Zahlungen, Genehmigung von Verträgen und Investitionen,*

Genehmigung und Planung von Dienst-/Geschäftsreisen, Kostenabrechnungen, Abschluss und Verwaltung von Verträgen)

- *Erfüllung eines Vertrags, konkret: welcher Vertrag/Vertragstyp?*
- *Schutz eigener Rechte (Eigentum, Vermögen etc.) sowie der Rechte Dritter (Kund*innen), z. B. durch Betrugsprävention/Aufdeckung und Aufklärung von Betrugsfällen*
  - *Erfüllung rechtlicher Verpflichtungen, konkret: welche Verpflichtung? (z. B. gesetzliche Aufbewahrungspflichten gem. Steuer-, Handels-, Sozialversicherungsrecht, Informationspflichten gegenüber Interessenvertretungen, gesetzliche Auskunfts- oder Dokumentationspflichten)*
  - *Erfüllung von Compliance-Verpflichtungen – konkrete Beschreibung des Zwecks (z. B. Durchführung interner Ermittlungen zur Aufklärung eines konkreten Verdachtsfalls, auch im Rahmen größerer Ermittlungsmaßnahmen, etwa bei Kartellrechtsverfahren oder Datenschutzverletzungen; Überprüfung von internen Compliance-Richtlinien; Zusammenarbeit mit Aufsichtsbehörden und Ermittlungsbehörden)*
  - *Geltendmachung, Ausübung oder Verteidigung von Rechtsansprüchen – konkrete Beschreibung des Zwecks (z. B. Erstellung von Schriftsätzen in Rechtsstreitigkeit, Kommunikation mit Rechtsanwält*innen und dem Gericht)*

Anlage 7: Register

Das Register ist ein Verzeichnis aller KI-Systeme. In ihm ist mindestens Folgendes enthalten:

- *Name des KI-Systems*
- *Datum der erstmaligen Vorstellung bei der Interessenvertretung*
- *Datum der letzten Besprechung im KI-Rat*
- *Gewähltes Verfahren (laut Anlage 1)*
- *Einordnung in die Kritikalitätsstufen (laut Anlage 4)*
- *Ggf. Steckbrief (laut Anlage 5)*

Das Register enthält auch eine Auflistung aller als unkritisch eingestuften Systeme.

Anlage 8: Gefährdungsbeurteilung

Dieser Anhang ersetzt keine Betriebsvereinbarung zum Thema Gefährdungsbeurteilung, sondern ist allein als Hilfestellung gedacht, um möglichen Fragestellungen näherkommen zu können.

Bei der Gefährdungsbeurteilung sind insbesondere folgende Punkte zu berücksichtigen:

- Fremdsteuerung durch KI
- Unklare Regelungen von Verantwortungs- und Zuständigkeitsbereichen (Mensch/Software)
- Hohe Komplexität im Umgang mit KI
- Monotone Arbeiten mit geringen Anforderungen an Planung und Denken
- Starke Standardisierung von Prozessen, daraus resultierend eine Einschränkung der Handlungsspielräume
- Ungefilterte Informationsflüsse und digitale Überforderung
- Fehlende Informationen oder Transparenz der Prozesse
- Nicht erfüllbare Konzentrationsanforderungen/Daueraufmerksamkeit
- Veränderung der Arbeitsinhalte
- Fehlende Qualifikation, Einweisung, Unterweisung
- Fehlende Kenntnisse im Umgang mit KI
- Bedeutungsverlust von bisherigem Erfahrungswissen
- Keine ausreichende oder nicht verlässliche Daten(qualität)
- Indirekte Steuerung in Kombination mit fehlenden Entscheidungsspielräumen und hohen/nicht anpassbaren Zielvorgaben
- Fehlende Interventionsmöglichkeiten
- Arbeitsverdichtung
- Veränderung der Rolle von Beschäftigten und Führungskräften
- Fehlende soziale und fachliche Unterstützung durch z. B. das Ersetzen menschlicher Kommunikation durch die KI-Kommunikation
- Arbeit vorrangig in virtuellen Teams ohne persönlichen Kontakt zu Kolleg*innen und Vorgesetzten
- Belastung durch schlechte Software-Ergonomie
- Digitale Ergonomie (permanente Aktivierung z. B. durch automatische Licht- und Klimaregulierung)
- Bewegungsmangel und eingeschränkter informeller Austausch durch KI/Automatisierung/Digitalisierung
- Nicht sorgfältig vorbereitete neue Führungsanforderungen (wie Umgang mit autonomen Systemen, Führen auf Distanz). Die Einführung und die Anwendung von künstlicher Intelligenz haben auch neue Formen der Überwachung und Steuerung von Arbeitskräften hervor-

gebracht. Deren Auswirkungen auf die psychischen Belastungen sind zu bewerten.

- Der Umgang mit digitalen Anwendungen steigert das Risiko der Digitalsucht. Eine Gefährdungsbeurteilung bewertet die Risiken der Anwendung von KI und deren Auswirkungen auf Digitalsucht.

Stichwortverzeichnis

Autoren- und Autorinnenverzeichnis

Steffen Andreae
Studierte Politikwissenschaft und Philosophie in Freiburg, Tübingen und Yellow Springs (USA). Ehemaliger Technologieberater der BTQ Kassel, heute bei der Arbeitnehmerkammer Bremen als Technologieberater mit Fokus auf digitaler Transformation.

Reza Ghaboli-Rashti
Promovierter Politikwissenschaftler mit IT-Kompetenz. Berät Gremien zu Datenschutz, Softwareeinführung und algorithmischen Steuerungssystemen im Betrieb.

C. Arthur Groth
Studierter Politikwissenschaftler und Technologieberater mit Schwerpunkten auf Microsoft-Anwendungen und Workflow-Management-Systemen. Unterstützt Betriebsräte dabei, betriebliche Digitalisierungsprozesse aktiv mitzugestalten. Seit 2024 Geschäftsführer der BTQ Kassel.

Carola Köppel
Studierte Soziologie, Politikwissenschaft und VWL in Köln, Frankfurt und Linköping (Schweden). Ihre Beratung konzentriert sich auf KI-Einführung, Datenschutz und Microsoft-Anwendungen. Sie ist Projektleitung in WIN:A.

Sabine Langner
Langjährige Technologieberaterin der BTQ Kassel mit tiefgreifender Expertise in Banken und Versicherungen. Unterstützt Gremien bei der Bewertung komplexer IT-Systeme und technologischer Veränderungen.

Walter Lochmann
Pädagoge und langjähriger Geschäftsführer des ver.di Bildungswerks Hessen e.V. und der BTQ Kassel war Projektleiter für Künstliche Intel-

ligenz und verfügt über langjährige Erfahrung als Technologie- und Arbeitszeitberater.

Isabelle Puccini
Soziologin mit internationalem Studienhintergrund. Berät im Projekt ZUKIPRO zu KI-Einsatz in der Arbeitswelt mit einem Fokus auf humane Gestaltung technischer Innovationen.

Markus Rhein
Sozialwissenschaftler mit Fokus auf technologische Transformationsprozesse in der Arbeitswelt. In der Beratung unterstützt er Gremien insbesondere bei der Einführung von Personalmanagementsystemen, Microsoft-Anwendungen und KI-basierten Lösungen.

Leandra Scholz
Arbeitssoziologin mit Schwerpunkt auf Digitalisierung und Geschlechterungleichheit. Sie berät Betriebsräte zu KI-Prozessen und deren Auswirkungen auf betriebliche Arbeitsverhältnisse.

Nils Schlesinger
Magister in Philosophie, Soziologie und Sinologie mit Schwerpunkt Mensch-Technik-Interaktion. Berät zu Microsoft-Anwendungen, KI, Überwachungstechnologien und ethischen Aspekten der Digitalisierung.

Alle Autoren und Autorinnen sind für die BTQ Kassel tätig.

BTQ · Bildungswerk
ver.di Hessen e.V.

Die BTQ Kassel (Beratungsstelle für Technologiefolgen und Qualifizierung) ist eine Einrichtung des ver.di Bildungswerks Hessen e. V. Seit 1986 unterstützt sie Betriebs- und Personalräte mit einem arbeitnehmer*innenorientierten Beratungsansatz bei der Gestaltung von Digitalisierung und technologischem Wandel. Die BTQ Kassel bietet praxisnahe Beratung, Sachverständigentätigkeit und Weiterbildung in den Bereichen Künstliche Intelligenz, Datenschutz und Mitbestimmung an. Ziel ist es, technische Innovationen sozialverträglich, rechtssicher und im Sinne der Beschäftigten zu gestalten.
https://www.btq-kassel.de/

Kompetenz verbindet

Josef Haverkamp

Datenschutz

Grundlagen, Empfehlungen und Arbeitshilfen für Betriebs- und Personalräte
4., aktualisierte Auflage
2025. 450 Seiten, kartoniert
€ 39,–
ISBN 978-3-7663-7394-6

Datenschutz-Grundverordnung (DSGVO) und Bundesdatenschutzgesetz (BDSG) werfen in der Praxis weiterhin Fragen auf. Neue Anforderungen sind durch die Novellierungen des Betriebsverfassungsgesetzes und von Personalvertretungsgesetzen hinzugekommen. Worauf müssen Betriebs- und Personalräte jetzt achten und wie können sie den Datenschutz bei zunehmender Digitalisierung sicherstellen? Josef Haverkamp gibt Antworten, liefert Tipps und Beispiele – immer mit Blick auf die Pflichten, die Mitbestimmungs- und Kontrollrechte von Betriebs- und Personalräten. Mit Checklisten zu den kniffligen Themen bietet er Hilfe und Erleichterung bei der Umsetzung.

Schwerpunkte der 4. Auflage:
- Das neue Hinweisgeberschutzgesetz (HinSchG)
- Pflichten bei Verschlüsselungen personenbezogener Daten bei Weitergabe per E-Mail
- Datenschutz in der Schwerbehindertenvertretung und im BEM-Verfahren

Bund-Verlag

Kompetenz verbindet

Peter Wedde

Beschäftigtendatenschutz

Basiskommentar
2025. Ca. 700 Seiten, kartoniert
ca. € 56,-
ISBN 978-3-7663-7489-9
Erscheint vorausichtlich Juni 2025

Alle für den Beschäftigtendatenschutz relevanten Vorschriften erläutert dieser Basiskommentar leicht verständlich in übersichtlicher Form. Er gibt Hilfe beim Verständnis des schwierigen Zusammenspiels von DSGVO und BDSG. Betriebs- und Personalräte erhalten wertvolle Hinweise für ihre Arbeit in Betrieb und Dienststelle. Datenschutzbeauftragten und Rechtsanwälten ermöglicht er eine Orientierung zu einschlägigen Fragen. Beschäftigten hilft er bei der Wahrung und Wahrnehmung ihrer Rechte.

Schwerpunkte der Neuauflage:
- Neue technische Entwicklungen, der Einsatz von KI und die Auswirkungen auf den Schutz von Beschäftigtendaten
- Erweiterte Überwachung der Beschäftigten und Eingriffe in die Persönlichkeitsrechte durch neue Sicherheitssysteme
- Erste Gerichtsentscheidungen zu KI-Anwendungen
- Zahlreiche neue Rechtsprechung zu Datenschutzthemen mit Auswirkungen auf den Beschäftigtendatenschutz

Bund-Verlag